想当然大阅读

快乐读书吧
推荐书目 读后感 04
经典名著篇（上）

何捷 主编

人民邮电出版社
北京

图书在版编目（CIP）数据

想当然大阅读. 快乐读书吧推荐书目读后感. 04, 经典名著篇 / 何捷主编. -- 北京：人民邮电出版社，2021.5
ISBN 978-7-115-55662-2

Ⅰ. ①想… Ⅱ. ①何… Ⅲ. ①阅读课－小学－教学参考资料 Ⅳ. ①G624.233

中国版本图书馆CIP数据核字(2020)第260056号

内 容 提 要

统编语文教材中的"快乐读书吧"栏目推荐多种多样的经典图书，引导学生课外阅读，培养阅读兴趣，扩大阅读量，逐步形成良好的阅读习惯。然而，很多学生有了阅读兴趣，却写不出自己的阅读体会，一说到写读后感就头疼。

本书汇集了统编语文教材"快乐读书吧"栏目推荐的多部中外经典名著的数十篇读后感。这些经典作品包括《汤姆·索亚历险记》《鲁滨孙历险记》《中国民间故事》《城南旧事》《三国演义》《水浒传》《西游记》《俗世奇人》《中国神话传说》《十万个为什么》。对于每部经典作品，多位小学生从不同角度写成了精彩的读后感，何捷名师出版工作室的各位老师化身为小男孩"想当然"和功力深厚的"五读教主"写下了精彩的评语，帮助小学生总结阅读感受，提升阅读效果。

本书适合不爱阅读、怕写读后感的 3～6 年级小学生自主阅读，也可供小学语文教师及其他从事语文教学研究的人员参考。

◆ 主　编　何　捷
　　责任编辑　折青霞
　　责任印制　陈　犇
◆ 人民邮电出版社出版发行　　北京市丰台区成寿寺路 11 号
　　邮编　100164　　电子邮件　315@ptpress.com.cn
　　网址　https://www.ptpress.com.cn
　　涿州市京南印刷厂印刷
◆ 开本：700×1000　1/16
　　印张：16　　　　　　　　　　2021 年 5 月第 1 版
　　字数：138 千字　　　　　　　2021 年 5 月河北第 1 次印刷

定价：70.00 元（全 2 册）

读者服务热线：(010)81055296　印装质量热线：(010)81055316
反盗版热线：(010)81055315

广告经营许可证·京东市监广登字 20170147 号

和想当然一起，打败读后感
写作的两只"大怪兽"

何捷

亲爱的同学们，你似乎已经感觉到，每当在写"读后感"的时候，总是被两只"超级大怪兽"所侵扰。

其中一只怪兽，让你"不读书也能写读后感"。遇到它，同学们就会写出虚假的读后感。发现了吗？好多同学嘴上说要写读后感，但是根本没有读过这本书，奇怪的是居然能写出来。怎么回事？原来是中了"怪兽"的蛊惑，参考了来自网络、报纸、杂志等太多渠道的信息。能在读后感里出现的书，当然是好书；既然是好书，写读后感的人就多，下载得来就不费吹灰之力。

另外一只"怪兽"，就叫"写好写坏，都一样"。它让你对读后感写作失去信心。看起来是写了一本书的读后感，可写了半天也不见得对自己读书有什么帮助。而且每次写都很轻松——用三言两语把书的内容介绍完，然后叠加一些可有可无的感受，最多联系一个生活实例，很快就写完了。不过，这样的读后感，写了也没人看。

为什么同学们写读后感时，容易被这两只"大怪兽"侵袭？原来，同学们写的时候，都把自己当作超级的"套路大咖"啦。所谓的套路大咖，就是套用读后感写作的通用公式：读书摘抄＋简单感受＝读后感。先摘抄各种书评，书的简介，书的梗概，或者直接摘抄书中的某些部分；然后加上自己的感受，就成了读后感。那些感受呢，自然是一些空话、大话、套话……

读后感看起来好写，写好不容易，有好的写作方法吗？

当然有，而且必须有啊。就像开车去旅行一样，要有导航，要有定位，才能抵达目标。我们向同学们介绍一种写读后感的"三维定位"法，让大家写出全新的读后感。所谓的"三维"，就是指读者、层次和目的。

1. 读者

读后感的读者，应该分成三类。第一类是读过这本书的。对这一类读者写的读后感，书的内容介绍要少写，因为对方已经读过了。第二类是没读过这本书的。很显然，关于书本的内容简介要多写。写得多一些，才能让读者通过介绍，大致明白一部书啊。这也正是"梗概"这种特殊的文体存在的价值呀。读者通过阅读梗概，了解这本书写的是什么、有什么阅读价值等。

还有一类，算是这本书的"资深读者"。兴许，还为这本书写过读后感呢。还有一种可能，他就是这本书的作者。我就常遇到同学们写的《作文笑传》读后感、《小莲藕学作文》读后感……你们写给我，而我就是这些书的作者，可想而知，我阅读这样的读后感，自然有不同的感受，有不同的滋味。

给资深读者写读后感，就要想办法写得深刻，写出你的个性观点。否则不是和没写一个样？比如我们都来写《西游记》的读后感。关于唐僧的评价，你就得拿出点新花样，不然谁会来看你的读后感呢？网上对唐僧的介绍和评价，也太多了嘛。或者，我们还可以另辟蹊径，写出另类的读后感，比如这一篇：

《西游记》中的为什么

范念梓

在《西游记》中，唐僧、孙悟空、猪八戒、沙和尚师徒四人，到西天如来佛祖那儿求取真经。一路上，足智多谋的孙悟空、虎头虎脑的猪八戒、老实巴交的沙和尚，保护着仁慈善良的唐僧，历经九九八十一难，到了如来佛祖那儿。看起来一切顺利，但我却要提几个问题：

其一，唐僧为什么不把自己的肉分给妖怪吃？

其二，孙悟空大闹天宫时所向无敌，为什么打不过妖怪？

其三，五指山下被压的孙悟空，为什么不变成一只小虫子飞出去呢？

其四，唐僧为什么总是不相信孙悟空呢？

别以为我只会提问，接下来，我就一一解答。

第一个：唐僧为什么不把肉分给妖怪吃？《西游记》里，有许多妖怪想吃唐僧长生不老的肉，可唐僧就是不让他们吃，为什么呢？我想，可能唐僧是皇帝派去西天取经的，在走之前皇帝嘱咐过他：要保护好自己的身体，不能被妖怪伤害或吃掉。还有就是妖怪如果因为吃了唐僧肉而长生不老，即使被天神抓回去，还会再下凡行妖作怪，危害凡间的生命，唐僧会认为是自己害了老百姓和凡间的生灵而感到羞愧难当。

第二个：孙悟空大闹天宫时所向无敌，但为什么打不过那些妖怪？在《西游记》里，妖怪们偷走了那些神通广大的神仙们的法宝，已经在人间设了一个个的洞府，准备"迎接"唐僧的到来。妖怪们有了法宝，孙悟空自然敌不过。或者是孙悟空在大闹天宫时偷吃了太上老君宝贵的仙丹，把神仙们一一打倒，然后保护唐僧去西天取经；仙丹失效了，妖怪们才打得过孙悟空。还有可能是因为剧情需要嘛！

第三个：齐天大圣孙悟空被压在五指山下，为什么不变大，把山给举起来扔掉，或者变小，变成一只小飞虫飞出来呢？原来在五指山的顶峰上，有一个如来佛祖贴上的"黄符"，孙悟空相当于是被囚禁起来了。如果变小往外飞，五指山就会瞬间塌下来，把小小的飞虫压死，孙悟空是不可能冒生命危险的。

第四个：唐僧为什么总是不相信孙悟空呢？孙悟空可是火眼金睛，看妖怪就是妖怪，看魔鬼就是魔鬼，一点儿也不含糊。但唐僧就是死也不相信，非说妖魔鬼怪是好人，结果每次都被抓进妖怪的洞里。唐僧觉得孙悟空太莽撞，每次都要打伤好人，说什么也不相信他了。还可能是因为唐僧喜欢扶危济困，很善良又有同情心，所以被妖怪蒙骗了！

《西游记》是四大名著之一，我的这些问题也是经过想象加工的，谁也不能说出正确的答案，如果可以，你去问一问《西游记》的作者吧！

有意思吧？这就属于完全"不按套路出牌"的创新写法，读了之后，大家都希望读原作呢。

2. 层次

读后感，也要分层次写。最底层就叫感受。例如，读完这部书，有什么感受，直接写出来；第二层叫感悟，不仅有感受，还能有一些体悟，能对自己的生活、学习有帮助，有指导，那可真了不起；还有第三层，叫感情。通过阅读，和作者、和文字、和故事，产生了感情，有了交往。这样的例子很多。比如大仲马创作《三个火枪手》时，曾经为其中的一个必须得死而痛哭流涕。瞧，作者和故事中虚构的人也有了感情。

写读后感，就要阅读作品。此刻，最基本的要求是要谈出真实的感受，同时，还应尽力上升到感悟、感情层面。

3. 目的

写一本书的读后感，除了推荐这本书，还可以有其他的目的。如果说第一个目的是让读者也喜欢的话，第二个目的就是让读者发现这本书的问题，一起批评。注意啦，批评不是坏事，而是一种阅读能力的体现，特别是小学高年级同学，写读后感就可以尝试写一些"批评"。还有第三个目的呢，就是根据书中的某个观点，引发读者争论。例如"李逵杀虎四只，为什么不如武松打虎一只？""悟空打死妖怪，是错了吗？""卢俊义上梁山，是被逼无奈吗？"瞧，要让读者真正关注一部作品，引发争论也是很不错的方法。

喜欢、批评、引发争论，写读后感，可以有不同的目的。大家记住了吗？

三维定位怎么用呢？可以请数学中的"排列组合"来帮忙。例如，从每一个维度中选取一个关键点，进行组合，就可以写出与众不同的读后感。

比如说，我的一本书叫《小莲藕学作文》，你可以这样组合：

读者：写给没有读过《小莲藕学作文》的同学。

层次：分享阅读的感悟，介绍书中"写好作文"的方法，结合具体例子来谈。

目的：让所有没有读过《小莲藕学作文》的同学，都喜欢这本书。

按照这样的三维定位进行排列组合，很快就能完成构思，接下来就只要把自己真实的阅读体验、感受和经历等写进文中。记住，必须先读过这本书，再这样去写读后感，否则是无法达成既定目标的呀！

好啦，有了这三维定位写读后感的方法，读后感写作中的两只"大怪兽"应该会知难而退了。不过，它们也有可能在你不小心的时候再次乘虚而入，所以，同学们一定要勤学勤练，不给"大怪兽"以可乘之机哟！

目 录

《中国民间故事》读后感

三声叹气

读《神鸟》有感

沈家妮

假期里，我有了更多时间来阅读与思考，下面我就跟大家分享我假期新读的故事《神鸟》！

故事《神鸟》选自《中国民间故事》，这本书里的故事想象丰富、引人入胜。故事里有一只神鸟，它非常美丽也很有智慧，皇帝、大臣、富翁都想得到它，结果只有可汗轻松抓到了这只神鸟。神鸟给可汗提了一个条件：在带它回去的路上，可汗不许唉声叹气，也不许闷声不响，不然神鸟就会一眨眼消失掉。神鸟给可汗讲了三个有趣的故事，但故事的结局都令人叹息：猎人把忠诚的狗打死，妇女把照看孩子的猫打死，逃荒者把救他命的乌鸦打死。听罢故事，可汗非常同情这些被打死的动物，不由地叹了三口气，因为违反了和神鸟的约定，最后可汗不得不放神鸟走。

从故事的主要内容着手，"三声叹气"这个题目真是妙不可言，既揭示了故事的主题，又引出了自己的思考。

不仅可汗为之叹气，我也深深地叹了一口气，甚至为那三个小动物感到不甘。狗的忠心、猫的勇猛、乌鸦的善心反倒招致无知之人的错杀，我既为了解事实真相后却又无法挽回结局感到深深的无力，也为这些只看表面的人们感到可悲。虽然这只是一个故事，但它在无形中反映了当今社会人类对动物浅薄的保护意识甚至伤害动物的普遍问题。其实动物是人类的朋友，它们其实默默地为人类做了许多贡献，例如猫抓老鼠，狗看家，鸡生蛋。

通过故事的层层推进，小作者与文中的可汗产生了情感的共鸣，可汗三叹之可惜亦是小作者三叹之感与悟。

因此我呼吁全社会爱护动物、保护动物，建立起一个相互信任、有爱心的和谐社会。

唯有这样，我们的"叹气"才会越来越少，也唯有这样，才能使未来的社会更加和谐、更加美好！

五读教主总评

　　在本文中，小作者因神鸟讲的三个与动物有关的小故事而与文中的可汗产生了共鸣。深深地进入情境才会有与可汗一样的"三叹"，细致入微的情感让我们不由地跟随小作者发出了深深的叹息。字里行间非常打动人心，读这样的文章令人感到微风拂面般的轻柔，却又难以忘怀。

谈门神

读《谈门神》有感

张珂玥

设疑导入，埋下伏笔，引起读者兴趣。能在阅读中为自己答疑解惑，这是一种非常好的学习策略。

今年过年的时候，我去奶奶家，发现村里家家户户门上都贴着门神，我很疑惑：为什么我们过年要贴门神呢？妈妈告诉我，门上贴的是唐朝大将秦琼和尉迟恭的画像，每年除夕，家家户户贴门神，为的是挡住鬼神邪恶，保佑人们来年出行平平安安、顺顺利利。在《中国民间故事》中，我也找到了一些人们贴门神的有趣的依据。

相传在我国唐代，泾河龙王因不听玉帝的指令得罪了玉帝，玉帝让魏征去杀泾河龙王，泾河龙王找唐王求情，谁知道魏征在睡梦里杀了泾河龙王，唐王夜不能寐，就令秦琼和尉迟恭两位大将守着自己，唐王因此睡得很香。一个多月后，唐王觉得让两位大将天天守在门口不像话，他就命人将两人的形象画下来贴在门上。

从此，贴门神的习俗代代相传，昔为唐朝将，今作镇宅神。如今，我们完整地传承了贴门神的习俗，在有的年轻人眼里，这是封建迷信，但我并不这么认为。贴门神是老百姓对平安的期盼，也是老百姓对新的一年幸福美满生活的一种向往，这种对美好的期盼和向往怎么会是一种封建迷信呢？

类似贴门神的习俗在我国并不少见，我们过年贴窗花、收压岁钱、吃年夜饭，这些热闹喜庆的场景从古延续至今，已经成为根植在每个中国人心中的传统文化，是我们需要弘扬的经典精粹。优良的中华传统文化，是一个民族的精神所在，让我们永远铭记自己是中华民族的一员。以前，我们往往认为过年就是穿新衣

由点及面，从贴门神这个习俗引发对其他传统文化的深入思考，使贴近我们生活的传统文化这一论点极具感染力，引人深思。

服、收压岁钱，端午就是吃个粽子，中秋就是吃月饼、赏月等，我们的传统文化随着时代的发展与生活的便利被我们简化了，也被慢慢淡忘了，好多人都不知道节日背后的深刻寓意。大家还抱怨过年没年味儿了，过节不就是吃吗？这些现象怎能不让人担忧？

优秀的传统文化是祖先留给我们的财富，也是我们道德传承、文化思想的根，作为小学生，我们更要学习中华优秀传统文化，了解这些文化背后的含义，并努力做中华优秀传统文化的传承者，为中华民族的伟大复兴，为实现人民幸福的中国梦做出自己的贡献。

　　《中国民间故事》中包含深厚的民族文化精粹与经典，小作者选择了其中典型的贴门神习俗讲述了自己对传统文化的感想，结合过年收压岁钱、贴窗花与其他传统佳节习俗，将我们的传统文化展现了出来，再针对我们的节日习俗被淡忘的令人忧心的现象阐述自己的观点，把自己的理解与思考清晰呈现出来，结尾自然。

传承文明经典

读《黄鹤楼》有感

郭师硕

引经据典，融汇学过的知识扩展阅读面，在阅读之前我们需要这样的先知引领，并通过接下来的阅读不断丰富、完善我们的知识体系，这样我们对事物会有更全面的认识。

"故人西辞黄鹤楼，烟花三月下扬州。孤帆远影碧空尽，唯见长江天际流。"李白与孟浩然依依惜别的场景犹如电影画面在我脑海里一一浮现。黄鹤楼素有"天下江山第一楼"之称，也是武汉市的标志性建筑，它的下方就是奔流不息的长江水，气势磅礴！

黄鹤楼的名字来源于一个民间故事，相传很早以前，辛先生开的酒楼接待了一位衣衫褴褛、付不出酒钱的客人，客人为了表达对辛先生的感恩之情，便用橘皮在酒楼的墙上画了一只鹤，黄鹤听到四声掌声便会在空中翩翩起舞，这一特色令许多游客慕名而来，给辛先生的酒楼带来了很多生意。后来这位客人归来，取出笛子，吹响曲子，招来墙上的鹤，驾鹤离去。辛先生为了感谢和纪念这位客人，便建了一座楼阁，取名为"黄鹤楼"。

辛先生不计得失的精神和客人知恩图报的故事感动了我，同时让我想起了在我身上发生的小故事。星期天，我和妈妈去洛龙公园放风筝，由于风太大，风筝被吹落在大树上，我们没有办法取回风筝。这时，来了好几位素不相识的哥哥、姐姐和阿姨，他们一起想办法帮我拿回了风筝。这件事对他们来讲可能微不足道，但这种不计得失、助人为乐的举动却在受帮助的我的心中埋下一粒善良的种子，让我至今仍难以忘怀。

在《中国民间故事》中，我们可以发现这样的故事还有很多：有甘于奉献的大尖和水社化为的台湾日月潭，也有济癫和尚拯救村庄而闻名的浙江杭州西灵石前的飞来峰，还有纪

小作者能够对比阅读，发现不同故事之间的关联，归类整理，发现《中国民间故事》更深刻的美。

念正直善良的海郎和龙女坚贞爱情故事的望夫石……让人们在观赏名胜古迹的同时，也了解中国历史文化的博大精深。

　　作为新时代好少年，除了感动于故事里的助人为乐、大公无私、舍己为人的精神外，我们更应该深入了解中国古代丰富的历史积淀，让世界了解中国文化，学习、保护、传承这些文明经典。

五读教主总评

　　由我国著名景点黄鹤楼的传说，小作者能领悟到我国历史文化的博大精深与古代人民的智慧，有自己深度的思考与感悟，向大家介绍了中国传统建筑中蕴含的人文主题与历史文化积淀。小作者通过类比阅读拥有了自己的独特体验，写出了自己的真实感受，希望你有时间能够真正走近这些名胜古迹，感受它们带给你的更深刻的震撼。

向他们致敬

读《台湾日月潭》有感

许佳涵

小作者化零为整，有整体意识与全局观念，将自己对于文本的整体感知告诉了读者。

今天我读了一本名叫《中国民间故事》的书，里面有寓言故事、幻想故事、节日故事、神话传说和民族故事，从不同的层面和角度让我体会到了祖国博大精深的民间文化，真让人爱不释手。

其中，我最喜欢的要数《台湾日月潭》这个故事啦。它讲的是台湾的大清溪边一对年轻的渔民夫妻大尖和水社，牺牲自我、历经千辛万苦为村民找回了被黑龙吞噬的太阳和月亮，村民们为了纪念两位英雄，把深水潭改名为日月潭，把日月潭旁边的两座大山命名为大尖山和水社山的传说。

其实在现在，我们身边也时时处处有"大尖"与"水社"的身影。2020 年年初以钟南山院士为首的医务人员，逆流而上冲在了抗击新冠肺炎疫情的第一线，为祖国同胞撑起了一堵绿色的防疫之墙。他们"以我所学，尽我全力"，与时间赛跑，与"死神"抢人。我为医务人员这种视人民利益高于一切，为人民做出无私奉献的精神而感到由衷的敬佩，也向默默付出，舍小家为大家的白衣天使们致敬！

疫情期间还有很多很多这样的例子，真是不胜枚举。白衣天使们、社区的工作人员、教书育人的老师……他们以身作则给我们树立了一个又一个的好榜样，这些生动而鲜活的例子深深地印在我的脑海中。在以后的学习里，无论遇到什么困难，我都会以他们为榜样，想办法解决问题，不断攻克难关、战胜困难，长大后我也要做一个像他们那样温暖的人，成为当代的"大尖"和"水社"。

五读教主总评

　　在本文中，小作者选取了故事中的经典人物大尖和水社与读者进行交流，又结合实际详细佐证了他们舍生忘死、造福人民的精神就在我们身边，取材真实，论述具体。读着这些文字，我们面前仿佛展开了一幅幅清晰的画面，向我们展现了新一代少年的壮志与梦想。

幸福哪里来

读《幸福鸟》有感

蒋皓宇

　　《幸福鸟》是人尽皆知的中国传统民间故事，这只善良、美丽的幸福鸟给我留下了很深的印象，主人公旺嘉不怕艰难困苦、勇敢奉献的精神也值得我们学习。

　　故事发生在遥远的西藏，从前，人们过着暗无天日的苦日子。为了给家乡带来幸福美好，旺嘉决心去找能给大家带来幸福的幸福鸟。他在途中遇到了三道难关，三个妖怪使出了各种各样的魔法阻拦旺嘉，可旺嘉不畏艰险，走完了乱石滩，穿过了茫茫的大沙漠，盲眼爬上了

小作者开门见山点明主旨，直抒胸臆，与读者分享对主人公的喜爱之情。

雪山，最终找到了幸福鸟，把幸福鸟带回了他的家乡，从此他的家乡有了太阳、河流、树木、花草，人们过上了幸福的生活。

故事中旺嘉的勇敢、无畏艰难的品质非常难得。正如我们在生活中会遇到各种不幸和挫折，只有勇往直前，方能战胜它们。记得我在小时候学骑车的过程中翻了好多次车，摔得鼻青脸肿，手和脚也是青一块紫一块，当时我想放弃，爸爸鼓励我说："不要灰心，学骑车就像我们学走路，是在很多次摔倒了再爬起的过程中慢慢学会的，只要你不怕辛苦，勇敢向前就一定会学会。"在爸爸的帮助和鼓励下，我坚持了下来，也终于学会了骑自行车，当时我可有成就感了。我想，我们遇到困难只要勇敢面对，不气馁，认真去做，就一定会有所收获。所谓的幸福感，也就藏在这一次次探索发现、面对挫折毫不畏惧，一次次勇往直前的勇气中吧！

我又想到了在这次突发疫情中冲在一线的医护人员们，这些逆行者不就是故事中舍己为人的主人公旺嘉吗？他们通过自己的努力，不畏艰险、奋不顾身地为人们追求属于我们的"幸福鸟"，有了一帧帧坚持与努力的缩影，一幕幕动人的奉献瞬间，这才有了各大城市的解封，才有了人们的幸福与团圆！在这里，我要深深地向所有医护人员致敬，他们让我感动，让我敬佩，让我有了新的人生目标，长大后我也要成为一名救死扶伤的医生，化身为"幸福鸟"，用实际行动给更多的人带来幸福与欢乐！

将自己的理解与文本进行交叉感悟，结合逆行者的事例来阐述主人翁舍己为人的动人精神，更有说服力。

在本文中，小作者主要从两方面论证了故事主人翁旺嘉无畏艰难与舍己为人的精神，并结合自身实际分析了这两种精神对于我们现实的指导意义。小作者对于这篇故事的喜爱之情溢于言表，文章中心明确，层次清晰。

帮人亦是帮己

读《周处除"三害"》有感

董仲朔

　　《中国民间故事》是民族精神文化的瑰宝，阅读这样"接地气"的故事，让我受益无穷。

　　《中国民间故事》中我最喜欢的，当属《周处除"三害"》了。 周处年轻时爱打人，是人人惧怕的恶棍，人们把他和虎、蛟并称"三害"。他知道后心里很不是滋味，除掉了虎和蛟之后，他决心改过自新，于是拜名师，勤修苦练，最终成了人人爱戴的大将军。

　　读完这个故事，我深受启发，我觉得周处很勇敢，因为他有直面连猎户也杀不死的白虎、大蛟的勇气，这种勇往直前的精神正是我们在学习和生活中需要的。这"两害"正代表了我们前行路上的各种艰难与挫折。只有勇敢面对、披荆斩棘，我们才能见到胜利的曙光。不仅如此，我最佩服的就是他勇除最后"一害"，他能在意识到自己的问题后认真反思、知错就改，在别人说周处是"三害之首"时决心改过自新，这种直面自己缺点的勇气不仅帮助了他人，更是对自己的一种帮助。

我也曾是家中的"小霸王"，稍有不顺心就"拳打"姐姐、"脚踢"爸爸，家里的花花草草也没能躲过我的"迫害"，但我唯独不敢打"麻辣味"的妈妈，想想自己这欺软怕硬的作风，真是羞愧难当。人非圣贤，孰能无过？周处的故事也给了我很大的勇气，像周处这样"除害"就是在修炼、提升自己，所以后来周处能成为人人爱戴的大英雄。真正的智者是善于自我总结与反思的，现在我也在慢慢改掉自己的坏脾气，学会真诚与人沟通，友善待人。今后我会

透彻解析"两害"的象征意义，能够抓住主要矛盾分析周处令人钦佩的地方，见解深刻。

讲自己的实例，贴近儿童的生活，让读者更容易走进故事，产生强烈的共鸣。

认真"除害"，发奋学习，长大后实现自己的理想，投身科研，努力做一个造福社会的科学家。

五读教主总评

　　在本文中，小作者通过分析周处这一人物，联系自己的性格特点，反思自己的缺点并提出了改正的方法。这是一次与书本的深层对话，也是一场与自己灵魂的交谈，全文语言简洁却富含小作者深层次的思考与感悟，细细品味，又带有孩童天真烂漫的美好，令人回味无穷。

《中国神话传说》
读后感

坚定信念，奋斗不止

读《愚公移山》有感

牛子壬

假期里，书成了我形影不离的好朋友。其中，我印象最深的就是《中国神话传说》中的故事——《愚公移山》。

故事主要讲的是愚公家门前有太行、王屋两座大山，他们每天出行要绕山而行，不方便，愚公就发动家人共同移山。智叟听说这件事之后，劝愚公停止这样不理智的行为，但愚公相信，只要坚持不懈，总会成功把山移开的。后来天神被他的精神感动了，帮他搬走了那两座大山。

读完这个故事，我懂得了愚公移山的精神是坚定信念。袁隆平刚培育杂交水稻时，他被人批评理论不对，寻找雄蕊培育野生稻的十年里，他不断被泼冷水……但他仍在经费短缺的情况下坚持实验，哪怕海南的烈日和云南的地震也不能熄灭他的杂交水稻梦。一生只做一件事，如今年迈的他为了心中的信念依然奔走在田间，他的精神时刻激励着我们。

愚公移山的精神还是奋斗不止。这不禁让我想起这次新冠肺炎抗疫斗争中凝聚起的精神力量，医务工作者日夜奋战，人民解放军指战员敢打硬仗，公安民警、新闻工作者、志愿者等坚守一线，无不以实际行动诠释了愚公的奋斗精神。

坚定信念，奋斗不止。在今后的成长和学习中，我将以愚公精神激励自己，无论遇到什么困难，只要有信念、有恒心地做下去，最终就能实现自己的梦想。

联系袁隆平培育杂交水稻的事例，理解了愚公移山的精神是坚定信念。选取的事例恰如其分地说明了小作者的观点。

小作者联系国内时事，用事实说话，赋予了愚公精神新时代的意义。

五读教主总评

　　神话传说的魅力在一代代传承中被赋予了新时代的意义。"愚公移山"的精神在小作者的笔下，又有了属于她自己的烙印——坚定信念，奋斗不止。文章语言准确、流利，通过列举当代的两个事例，小作者把自己对远古神话的感受表达得恰如其分。

如果我有一支"神笔"

《神笔马良》读后感

林千里

最近，读了《中国神话传说》这本书，我发现我喜欢上了《神笔马良》这个故事。它讲述了一个爱画画的穷孩子马良，买不起笔，就用树枝、草根、木炭练习画画。因为他的坚持，一位老神仙给了他一支画出东西就能成真的神笔，让他为其他穷人画画。后来这件事被贪心的大官知道了，大官就让马良画金子，马良利用神笔铲除了贪官，继续用神笔帮助穷人。

我常常在想，如果我也有一支马良的神笔，我可以做什么呢？我要为非洲的孩子们画更多

借助故事中的"神笔"展开想象的翅膀，用自问自答的方式，把自己拥有神笔之后的心愿呈现出来。

的水井，让他们能喝上干净的水；我要为贫困山区的孩子画许多学校，让他们也能尽情地学习，快乐地成长；我还要画一片片茂密的森林，让那些无家可归的动物有栖身之所……

尤其，在 2020 年这个多事之春，全球爆发新冠肺炎疫情，我的"神笔"就能发挥更大的作用了：我要为医院画许多病床，让更多病人接受治疗；我要为人们画许多口罩，让更多普通百姓买到口罩；我最想为全世界的孩子画出能消除病毒的学校，让大家还像以前那样在一起上课学习……

哇，我真想要一支"神笔"！

五读教主总评

　　"如果我有一支神笔"，为美好愿望点赞。这是一篇描述由"神笔"引起畅想的习作。小作者受到神话故事人物马良的感染，也愿意化身乐善好施、助人为乐的爱的使者，把爱洒向非洲、贫困山区的孩子们，用一支"神笔"把书中人、人间情联结起来，让人不禁为之赞叹。

向着光明的夸父

读《夸父追日》有感

石堉瑶

夸父令人感动之处很多，小作者选取自己感触最深的一个，在简要讲述故事的同时塑造了一个心向光明的伟人形象。

一位叫夸父的巨人向往光明。他想抓住太阳，便向太阳落下的方向跑去。路上口渴不已的他喝光了黄河、渭河的水。可他还是口渴，便想去喝大泽的水，于是他向北跑去。可夸父还没到大泽就倒下了。夸父用最后一口气将手杖向前一抛便倒地长眠，他的身体化为世间万物，手杖化为了一片桃林。

夸父追日的故事展现出了古代人民对光明的向往，象征着他们不屈不挠的意志。虽然夸父最后没有成功，可是向着光明执着前行的精神流传了下来。这样的精神让我想起了那些奋战在一线的医护工作者、警察、志愿者……尤其是钟南山爷爷，已经八十四岁高龄的他坚持在一线抗疫，就像夸父一样向着光明，他义无反顾前行的背影令人敬佩。

小的时候，我总是渴望有一天能穿上风格独特的民族服装，在舞台上向更多的观众展示特色的舞姿。于是我开始了民族舞的学习历程，刮风下雨，寒来暑往，从没间断过。这其中有锻炼的苦痛，也有成功的喜悦，每次成功演出或拿到考级证书我都会兴奋不已。我知道，要走向更大的舞台还需要不断努力、坚持不懈。而夸父的精神鼓舞了我，我坚信带着夸父的精神，就一定能走到我梦想的舞台上。

每个人都有自己想要追求的"光明"，只有像夸父那样始终向着光明前进，充满信心、坚持不懈，才能最终到达"光明"。

五读教主总评

　　这篇读后感有读有感，读感结合，围绕着夸父追求光明的毅力和决心，联系了自己学习民族舞蹈的经历，发表了自己的看法——只有心向光明，坚持不懈，才能最终到达"光明"。全文叙述流畅，体悟深刻，是一篇不错的读后感。

传承文化，无畏创新

读《仓颉造字》有感

吴陈瑞

《仓颉造字》是一个中国古代神话故事。仓颉是黄帝的一个史官，努力学习、博学多才的他受雪地里鸟兽留下的脚印的启发，用记号代表事物，从而创立了一整套用来记事情、记话语的符号，据说这就是象形文字的由来。这个神话生动地再现了仓颉在积极解决生产生活中的难题时，在不经意间创造了文字，点亮了中华民族的文明之光的故事，他的不畏困难、勇于创新的宝贵精神也一代代传承下来。

正是由于中华民族继承了不畏艰难、敢为

开篇点题，小作者首段便写出读完这篇神话之后的感受，从精神传承的角度来展开，立意高远。

人先的精神，才创造了中华五千年的灿烂文明，屹立于世界东方。今天，即使面对新型冠状病毒这种我们所知不多的新病毒、新困难，即使每天都有很多人生病、分离、悲伤、痛苦、恐惧、争执，即使这疫情让我们停下了外出忙碌的脚步，但是我们仍然发挥聪明智慧，较早地控制住了疫情。之所以能有效控制住疫情，是因为全国医护人员齐心协力救治病患，并积极将有效的经验交流和援助给予需要的城市和国家。科研人员加班加点不断钻研，致力于研发出能打败病毒的疫苗。他们身上散发的不正是不畏困难、勇于创新的精神之光吗？

时代在交替，精神却永远流传。我愿意成为历史长河中的一朵浪花，去搏击坚硬的岩石，奏响不一样的歌曲。

五读教主总评

　　作为一名中国人，小作者满怀强烈的自信心和自豪感，从字里行间就可以感受到。《仓颉造字》这个神话传说，带给她的不仅仅只是一个有趣的故事，更带来了一颗精神传承的种子在她心间生根发芽。相信在不久的将来，这颗种子一定会盛开绚丽的花朵。

练琴之"道"

读《大禹治水》有感

林弘耀

  四月，我再次捧起《中国神话传说》，追随嫦娥、夸父、大禹等神话人物的脚步，走进一个个动人的故事中，寻访感人的情节，领悟真善美的真谛。其中，《大禹治水》给我留下了深刻的印象。

  《大禹治水》讲述了新婚的禹告别妻子，带领手下踏上征程，走遍穷乡僻壤，挖山掘石，披星戴月，不辞辛劳。整整 13 年，咆哮的河水才驯服地向东流去，昔日被水淹没的山陵露出了真面目，沼泽变成了良田，人民又能筑室而居，过上幸福富足的生活。

读着读着，我仿佛看到大禹迎难而上、一心治水的场景，眼前也浮现出自己练胡琴的场景。假期的每个下午，我都会拿出胡琴，坐在房间里练琴。刚开始，我饶有兴趣，很认真地练习。练了几天，我就开始倦怠，练一会儿就休息。妈妈发现了我的情绪，提醒我说："练习慢长弓要做到平、直、实、稳。"我嘟囔道："拉慢长弓很累啦！手臂都酸了。"妈妈示意我停下，和颜悦色地说："耀，做任何事都不会轻轻松松就获得成功。练琴就是一个磨炼意志的过程，不能心浮气躁、漫不经心。妈妈希望你能够像神话故事中的禹一样迎难而上，坚持不懈地做好一件事。"听了妈妈的一席话，我如沐春风，更加专注地练琴。

用联想的方式，将阅读感受与自己的实际生活联系起来，衔接自然。

是啊，正是因为禹锲而不舍地治水，人民才能过上安居乐业的生活。我想，也正是因为有了像禹那样的坚定不移的决心，我才会有后来站在舞台上，收获热烈掌声和无上荣耀的机会。

成功无捷径，唯有下苦功。循着禹的一道光，我发现了属于我的练琴之"道"。

篇末点题，升华主题。小作者从《大禹治水》的神话传说中悟得了属于自己的练琴之"道"，值得与大家分享。

五读教主总评

　　小作者用自己的亲身经历，与读者们分享了《大禹治水》带给自己的成长与进步。文章语言精练，表达精彩，尤其是结合自己练琴的点滴，从刚开始的懈怠、心浮气躁，到后来的专心致志，把体会写得真实、精彩，相信读者一定也有所收获。

诚信为人
读《九色鹿》有感

刘开心

　　《中国神话传说》这本书里的故事很精彩，尤其是《九色鹿》这一篇，它折射出许多人生道理，让我受益匪浅。

　　故事讲的是一个年轻人掉进河里，他大声呼救，九色鹿听见了急忙去救他。年轻人万分感谢，并保证不说出九色鹿的下落。可是，他终究还是没能抵御国王重金的诱惑，向国王告密。九色鹿被军队重重包围，它向国王讲述了自己和年轻人的约定。国王很感动，下令将年轻人处决了，还下令谁也不可以再捕杀九色鹿。

小作者从故事的结尾着手，抓住了善恶有报、诚信为人这个切入点表达看法。

故事的结尾我很喜欢：奋不顾身、舍己为人的九色鹿得到释放和保护。它验证了一句古老的俗语：善恶到头终有报。而那个见钱眼开、见利忘义的年轻人让我再一次明白诚信的重要。

我想起了自己在三年级时的一段不诚信的经历。那时，我常常因为作业多而偷懒，每次写作业我就会自作主张减半或只写一点点，被爸爸妈妈发现时我就承诺下次不会再这样，可是没过多久又"旧病复发"。最后，除了补上以前欠下的积压如山的作业，我还得按时完成每天新的作业。那一段时间，我体会到了什么叫自作自受。一个谎言只会带来更多的谎言。从那以后，我决定再也不自欺欺人，要诚信为人，后来我的学习成绩也逐渐提高了。

"弃暗投明"的正向经历与故事中的反面教材进行对比，让自己的观点更有说服力，更能引起读者的思考。

九色鹿的故事真是值得我们回味。

五读教主总评

　　本篇习作条理清晰，从精彩的故事情节导入，由结尾九色鹿和年轻人不同的遭遇引出观点，再分享一段自己三年级时由不诚信导致的不愉快经历，证明了"诚信为人"的观点，结尾言简而意丰，能引起读者关于人生的思考，整体上是一篇不错的读后感。

《西游记》
读后感

孙悟空的变形记

读《西游记》有感

沈镠烨

孙悟空乃是天地之精华孕育而成的一个灵猴，率领众猴子过着自由自在的生活。后来他拜师学艺，有了出神入化的本领，被赐名"孙悟空"。他又想做齐天大圣，被玉皇大帝召进天庭封为弼马温，结果因为不满意做小小的马夫，大闹天宫，被压在五行山下五百年。幸运的是，他被取经的唐僧解救，拜唐僧为师，踏上了取经之路，历经九九八十一难，最终被封为斗战胜佛。从石猴到成佛，我觉得取经之路是孙悟空变形的关键。

文章开头，小作者以简洁的语言述说了孙悟空的变形之路，最后一句道出孙悟空变形的关键，点题并启示下文。

取经路上，他们跋山涉水，降妖除魔，磨炼的不光是他的本领，更是他的性格。他在和唐僧、猪八戒、沙僧的相处中不断成长，逐渐变得成熟。在第二十七回"三打白骨精"这个故事中，拥有火眼金睛、能分辨人妖的孙悟空，除了妖怪反被误解，在猪八戒的挑唆下，唐僧执意将他赶走。最后，他还是选择顾全大局，放下私人恩怨，救回了师父。我从这里看出孙悟空的性格从根本上发生了变化，他已经不再是那个性格冲动的孙悟空了，他变得有责任感，以保护师父、求取真经为己任，这大概就是孙悟空最后能成佛的真正原因吧。

其实，我们每个人都在演绎着"变形记"。从刚出生的无知，到幼儿园的懵懂，再到小学接受更多学科的教育，我们越来越成熟，在家庭、学校和社会的学习中不断成长。我觉得自己成长了，因为我掌握了一些处理问题的方法，性格在渐渐变化，心智也在慢慢成熟。成长就像漫漫取经路，我们这群天真率性的"猴子"，在成长的路上总会遇到磨难，会有枯燥期、厌

小作者以"三打白骨精"这个典型的事例佐证孙悟空在取经途中的性格变化，剖析到位，令读者产生共鸣。

从孙悟空到个人，这句话实属点睛之笔，概括之语，简短而有力。

倦期，是什么让我们坚持下去呢？是责任感。我们也应该像孙悟空一样，知道自己的责任，这样才能更好地"变形"。

哪有什么平坦之路？那都是自己一脚一脚踏平的。若没有苦难，没有风雨，没有挫折，我们又该从哪里获取经验呢？想要完美"变形"，目光就要永远向前看，不要迷失自己最初的方向。

结尾，小作者以两个反问句表明观点：只有不忘初心、历经磨难而不放弃，才能像孙悟空一样完美"变形"，再次点题并升华主题。

五读教主总评

在本文中，小作者以《西游记》中孙悟空的变形为切入点，剖析孙悟空变形的关键：取经路上经历的艰难险阻，既修身也修心，让他变得更加理性，更加有责任感。接着由孙悟空联想到自己，从文本到生活，从角色到自己，实现了名著阅读的深度探究与自我反思。整篇文章立意深刻、语言朴实自然，能带给读者思考与感悟。

自由，需要规则

《西游记》读后感

黄骥

小作者在阅读中有思考，联系生活经验巧妙设置富有童趣的问题，能够激发读者的阅读兴趣。

读《西游记》的时候，我对妖怪们做了一次梳理，发现一个很奇怪的现象：有些妖怪竟然是天上的神仙。黄袍怪是二十八星宿里的奎星下凡，金角大王、银角大王原是太上老君身边的两个童子，狮魔王原是文殊菩萨的坐骑，九灵元圣原来是太乙救苦天尊的坐骑……人人都说快活逍遥似神仙，书上写的、电视里演的，多少凡人和动植物都想得道成仙，这些神仙为什么要下凡呢？

我决定打破砂锅问到底，找找这个问题的

答案。金角大王、银角大王是犯了错，被惩罚下凡弥补过错的；黄袍怪、狮魔王和九灵元圣，都是比较任性，不想被过多地束缚，私自下凡的。后来这些神仙被召回，按照天条，他们应该也会受到一定的惩戒。神仙也好，普通人也好，都应该在一定的规则下做事。遵守规则，很重要。

在学习中，老师让我们学会遵守纪律，因为纪律是我们学习的保障。如果有同学违反纪律，老师会提醒他，严重的同学会被批评，也会被其他同学谴责。如果每个同学都按照班级规则做事，班级就会很和谐。

在新冠肺炎疫情期间，小区、超市等门口设置了检查点，要求我们测量体温，佩戴口罩，实行绿码登记，这也是规则，是为了保障大家的健康。可是有些人把规则当成空气，自己想不戴口罩就不戴口罩，还要大闹商场，说戴不戴口罩、进不进商场是他们的自由。这些人追求的是绝对的自由，把自己的利益放在社会规则之上，结果不仅被大家指责，还会失去自由。

不加约束的自由带来的是什么样的后果，

大家都知道，所以在做事之前还是要三思而后行。我们生活在社会中，言行会在不知不觉间受到规则的限制，哪怕是神仙，只有遵守规则，才能享受真正的自由。

　　小作者在阅读中能够深入思考，将妖怪进行归类，并从中提炼出本文的观点，用简洁的文字、生活中的事例阐述了对"规则"的认识。全文采用"设疑—释疑—例证—结论"的结构方式，行文思路清晰，语言有张力，能引发读者对"规则与自由"之间的辩证关系的思考。

梦想 + 行动 = 成功

读《西游记》有感

朱志扬

开篇就点出小作者对唐僧的初印象——不喜欢，为下文的情感变化埋下伏笔。

金蝉子、江流儿、唐僧、旃檀功德佛，这是唐僧的前世今生。在初读《西游记》时，对他，我怎么也喜欢不起来。因为他肉眼凡胎，忠奸不辨，在第二十七回的时候，还要赶走赤胆忠心的孙悟空，简直气死我了。

越往后面读，我对唐僧的认识就越深刻。他本是西天如来佛祖的第二大弟子金蝉子转世，刚出生家里就遭遇变故，母亲把他放在木板上顺江而下，他被金山寺长老法明收留，从小便出家做了和尚。这时的江流儿到后来的唐僧都只是一个凡人，凡人是很难十全十美的，有缺点也能理解。再加上他从小在寺庙生活，心地善良，社会经验不丰富，被妖精蒙骗在所难免。

　　唐僧这样一个凡人最后能取到真经，固然是依靠了神通广大的徒弟，但我觉得更多的是他坚定的信念起了关键作用。他从决定取经的那一刻起，就为自己设定了前行的目标，单枪匹马上路之后就再也没有停下脚步。在取经的路上，陪伴他的是渺无人烟的荒山，是阴森恐怖的大森林，是随时等着吃唐僧肉的妖魔鬼怪。尽管如此，作为凡人的唐僧依然没有退缩，不分昼夜地要往西走，唯恐耽误了取经的行程。取经路上每经历一次磨难，唐僧的形象就在我心中高大了一分，他是梦想家和行动派的融合。

　　怀揣梦想，还要付出行动，才有可能成功。著名的画家达·芬奇就是这样一个人。他小时候跟一名画家学习画画，可画家一直让他画鸡蛋，这是多么无聊的作业啊！但他为了画好画，坚持不懈地练习，画出了完美的鸡蛋，最终成了举世闻名的画家。

从《西游记》中唐僧历经磨难取得真经的故事中得出感悟："梦想＋行动"才有可能取得成功。

引入达·芬奇的故事，再次阐明"梦想＋行动＝成功"的道理。

我在学习上也应当如此，既要做梦想家，也要做行动派，为自己实现梦想设定目标，开始并坚持行动，这样才能像唐僧和达·芬奇一样，最终收获满满。

梦想＋行动＝成功，让我做一个求学路上的新时代的"唐僧"吧。

从唐僧、达·芬奇因坚持而取得成功的事例，联想到自己在学习上也要坚持。联系自身，写清学习目标和接下来的行动，文章会更充实。

五读教主总评

　　在本文中，小作者选用唐僧这个人物形象来写读后感。由初读到深入读，写出自己对唐僧观感的变化。小作者抓住唐僧的凡人身世与成功取经的反差，通过排比的手法写出唐僧所受磨难之深、信念之坚定。而后，小作者列举了达·芬奇的故事佐证"梦想＋行动＝成功"，最后联系自己的生活，说出悟到的真谛。文章条理清晰，由书本所看到脑海所想，再借事实说理，联系生活，容易引起读者共鸣。

紧箍咒

《西游记》读后感

胡校瑄

小作者在作文开头提出疑问，神通广大和紧箍咒形成对比，设置悬念，能引起读者的阅读兴趣。

小作者在作文开头提出疑问，神通广大和紧箍咒形成对比，设置悬念，能引起读者的阅读兴趣。

小作者在阅读时有思考，对紧箍咒出现的次数以及情境进行梳理，真会读书！

　　读《西游记》之前，我一直很好奇，孙悟空是齐天大圣，会七十二般变化，有通天的本事，为什么会被一个小小的紧箍咒束缚了呢？

　　紧箍咒在书中多次出现。第一次是唐僧试用紧箍咒，验证效果；第二次是孙悟空杀人后，不忍杀生的唐僧念紧箍咒惩罚了他；第三、第四、第五次出现在"三打白骨精"这一回；第六次使用紧箍咒是为了辨别真假唐僧；第七次是为了区分真假美猴王……从第二次杀生之后，就能发现，孙悟空几乎都没有再违反过他和唐僧的约定，紧箍儿为什么还要一直戴在头上，限制他的自由呢？

带着这个疑问，我请教了老师。老师告诉我，紧箍咒其实就是约束的力量，能够收敛他的野性，让率性而为的孙悟空逐渐变得理性，这并不是令他失去自由，而是让他学会在一定的规则下行使自由，这才是真正的自由。老师还让我思考，现实生活中需不需要紧箍咒呢？老师说的话，我似懂非懂：生活中需要"紧箍咒"吗？

新冠肺炎疫情严重的时期，我们响应号召，"宅"在家里上网课，不外出和同学一起玩。爸爸妈妈也改为在家办公，即使不得已外出，也会做好万全的准备，进家门之前先给鞋子、衣服消毒。他们教育我在公共场合一定要注意卫生，这样既是保护自己也是保护他人。虽然每天"宅"在家里很无聊，但是一想到这样能避免被传染，也只好安心等待了。这样看来，病毒也是一个紧箍儿，它发动的咒语残酷无情，让我们不得不在新规则下约束自己的行为。这次疫情大爆发，让人们开始反思，不断改进，

"似懂非懂"一词表达出小作者真实的感受，从书本走向生活，为引出下文做好铺垫。

联系生活，小作者将病毒看作紧箍儿，表达自己对紧箍咒的全新认识。

059

现在的公共卫生有了很大的改善。

紧箍咒约束了孙悟空，让他成长为斗战胜佛，我们的成长和人类的发展也会时常遇到"紧箍咒"，痛苦过后，进步随之而来。

五读教主总评

　　小作者抓住"紧箍咒"来写读后感，在阅读时有思考，能从书中寻找信息，梳理紧箍咒出现的次数以及情境。进而向老师求证，紧密联系当下生活，发现生活中的"紧箍咒"，更加深刻地理解它的象征意义。结尾表达小作者的期望，从"小我"到人类，深化了主题，升华了情感。

坚持，胜利的前提

读《西游记》有感

王隽之

《西游记》是中国四大古典名著之一，它主要讲述了唐僧师徒去西天取经的故事。

从长安到西天小雷音寺，路程可谓极其遥远。除了交通条件差，还有无数的妖魔鬼怪等着他们。读完这本书，我用了整整一天的时间手绘了取经路线图，累得腰酸背痛，中间有好几次都想放弃了。可转念一想，唐僧师徒能坚持走这样一条遥远的、曲折的、危险重重的取经之路，我为什么就不能坚持呢？

小作者在阅读中习得坚持的道理并激励自己践行，提高自己。

画完这幅路线图，我对"坚持"有了深刻的认识。坚持就是坚决进行，无论遇到什么阻挠都不改变原来的目标，一心向着目标前进，直到实现目标为止。这种永不放弃的精神在取经队伍身上得到了很好的诠释——尽管有时候，唐僧也会思念东土大唐，孙悟空也会想着取下紧箍儿，猪八戒闹着要散伙，但是他们没有放弃，最终坚持着一起来到了终点，取得了真经。

　　前段时间，我参加了尤克里里兴趣班。刚开始时，我认为学弹尤克里里十分有趣，每堂课都听得十分认真，觉得弹尤克里里一点儿都不难。过了一段时间，老师教的曲子越来越复杂，弹起来也越来越难。这让我感到有些头疼，力不从心。弹出来的曲子总是令人不满意，于是我有些气馁，一度想放弃。绘制了取经路线图后我明白了，如果半途而废，之前所付出的努力就白白地浪费了。我得向取经队伍学习，一定要坚持练下去。这两天，我弹出的音符好像更听话了，曲子也变得更流畅了。妈妈鼓励我，坚持下去就可以登台演出了。

　　"世上无难事，只要肯攀登。"是的，无论做什么事，只有坚持不懈地攀登，才有可能获得成功。坚持，是胜利的前提。

五读教主总评

　　小作者在文章开头以简洁的语言介绍了书的主要内容，接着引入画取经路线图的事例引出读书悟到的道理：做事情要坚持。然后结合自己学乐器的事例进一步感悟《西游记》带给自己的人生思考和价值。结尾点明主旨。文章结构完整、思路清晰、语言简洁，特别是将感悟融入了具体的生活事例，更易于引发读者的共鸣，取得"润物细无声"的效果。

《水浒传》读后感

既勇敢又爱面子的武松

读《景阳冈》有感

陶兆棋

在这一自然段的开头，先总写对武松的印象，再从文中找到武松勇于挑战、不服输的佐证。

最近，班上掀起了一股"名著风"。我也不例外，跟着大伙读起了《水浒传》。我喜欢的情节很多：棒打洪教头，真假李逵，江州劫法场等。在这些故事中，我最喜欢的要数《景阳冈》了。

《景阳冈》讲的是武松来到一家酒馆连续喝了十八碗酒后，不听店小二的劝告，执意要上景阳冈，后来他在山上碰见一头猛虎，最后赤手空拳打死老虎的故事。

武松是一个勇于挑战、不服输的人。当武松看见酒馆门口有个写着"三碗不过冈"的招牌时，他很不以为然，想亲自去挑战一下。果然，他一口气饮了十八碗酒都没有醉倒。在学习中，我们也要像武松这样勇于挑战、迎难而上，才会获取更大的进步。那天，数学老师说："今天数学作业的第五题难度较高，不会做的同学可以等明天上课的时候我们一起做。""如果今天晚上我就把第五题做出来，老师一定会表扬我的！"一回到家，我就立刻拿出练习册做了起来。第五道题果然有难度。我冥思苦想了将近半个小时，终于找到了那道题的奥秘，最后准确无误地把题目做了出来。

从武松的勇于挑战，联想到自己成功挑战数学难题。

武松不但很勇敢，还很爱面子。在武松看见印信榜文时，他才相信这山上真的有老虎。如果继续向前走，可能会碰上老虎；如果往回走，又会被其他人笑话。左右为难之际，他最终还是决定向前走去。果然，他在山上遇到了一头大老虎。古往今来，像武松这样爱面子的人还有很多。在三国时代，东吴为了夺取荆州，周瑜向孙权献计：先诈称把孙小妹嫁给刘备，然后趁刘备来东吴提亲的时候把他秘密关押在东

过渡句，承上启下，一正一反自然衔接。

一个"古往今来"，巧妙地引出了周瑜爱面子的故事。

吴，以换取荆州。可是刘备按照诸葛亮的锦囊妙计，大张旗鼓地去东吴提亲，故意让东吴的老百姓们都知道刘备要和孙尚香成亲。最后孙权为了维护自己的颜面，不得不把妹妹嫁给了刘备。真是"周郎妙计安天下——赔了夫人又折兵"啊！

可见，生活中遇到困难时，我们如果能勇于挑战、迎难而上，那么任何困难都会迎刃而解；相反，如果过于爱面子，那么结果往往会事与愿违。

运用历史典故，进一步阐明过于爱面子会得到惨痛教训的道理，化道理为事例，通俗易懂，生动有趣。

五读教主总评

　　在本文中，小作者选用"武松打虎"这个大家耳熟能详的故事来写读后感。小作者抓住主人公武松勇敢和爱面子的性格特点，运用联想、对比等手法，通过一正一反两个例子，将自己读《景阳冈》一文的真实感受写了出来。文章语言朴实，容易引起读者的共鸣。

英雄无完人

《水浒传》读后感

陈烨

　　《水浒传》是我最喜欢的书。它讲的是，在宋徽宗时期，民不聊生，在梁山上聚集了一百零八位英雄好汉反抗官府，占山为王，最后却因宋江的接受招安使得抗争就此落幕。

　　一百零八位英雄好汉中，让我印象最深刻的要数黑旋风李逵。他很"粗"，也很"急"。与鲁智深的"粗中有细"不同，李逵在许多人眼中就是"莽夫"，行为粗鲁，有勇无谋。

　　刚接触这个人物时，我不禁产生了疑惑："这样的人，能称之为英雄好汉？"后来从他不顾一切去救宋江和戴宗的行为中，我才发现他是一个十分忠义之人。虽然他脾气暴躁，但在"假李逵剪径劫单人"的故事中，他听那人说要养七十岁老母才冒充黑旋风便饶了他，反倒给了那人一些银钱让他改业，可见李逵也是一个富有同情心的人。

所以，在我眼里，李逵也是一名真正的英雄好汉！人无完人，金无足赤，世上没有一个人是百分百完美的，我们眼中的英雄好汉难道就不能有任何缺点？要知道正是这样优缺点并存的李逵，才是有血有肉的好汉呀！

我们舞蹈班有一位小茜老师，她经常会在课间休息的时候拿出手机玩游戏。但是，这样一个看起来缺点不少的老师十分有责任心。在上舞蹈课时，小茜老师语气亲切，认真检查每一个同学的每一个动作是否到位，课后还会关心我们在家里的练功情况。一次，爸妈被工作耽搁没能及时到舞蹈班来接我。别的同学都走了，我眼巴巴地等着，小茜老师主动留下来陪我。我们一边等，一边聊天，我的不安消失在

小作者通过阅读，根据自己的真实感受提出了观点，表现了她对李逵这个人认识的层层深入。

联系自身在现实生活中的所见所闻，认为老师也是这样不完美但责任心强的人，有感而发。

她的笑容里。这样的老师，难道不能算是一位好老师吗？

英雄无完人，所谓尺有所短寸有所长，每个人都有优缺点，放眼望去，百分百完美的人并不存在。如果因为一个人的缺点便否认他的优点，那我们会跟许多美好的经历擦肩而过。用放大镜去看看别人的优点吧，让我们的眼睛发现更多的美！

小作者在结尾发出感慨，点明文章的中心思想，给自己和别人都带来了启示。

五读教主总评

在本文中，小作者从原文情节出发，分析了李逵的性格特点，提出了"英雄无完人"的观点，结合生活中经历的真实事例，将自己读《水浒传》时的真实感受写了出来。文章语言朴实，观点新颖别致，让读者从中有所收获。

逆境中的奋斗

读《水浒传》有感

黄宇强

开头小作者运用了大量的四字词语，使得句子语言简洁，颇有语势。在段末，小作者点明主题，为后面的论述做好了铺垫。

依依不舍地，我合上了面前的《水浒传》。栩栩如生的人物，荡气回肠的文字，读罢让人回味无穷，这也许就是《水浒传》这本书的魅力所在吧！而这一百零八位齐聚梁山水泊的英雄好汉中，豹子头林冲在逆境中的奋斗，给我留下了最深刻的印象。

林冲因误入白虎堂而被刺配沧州，路途中多次受到折磨，而后在沧州看守草料场，并在山神庙中躲过草料场被烧一劫，这可算是绝境求生了。林冲一开始被迫害却逆来顺受，到后来家破人亡时的奋起反抗，他实在忍无可忍，久积的怒火终于喷发而出。他杀了陆虞候等三人并在一个雪夜上了梁山。

落寞悲惨的他洒泪而别，失意着，在风雪交加的夜中，走上了一条新的道路。从以前的枪棒教头到后来的落草为寇，虽然林冲遭遇了重重打击，但他没有灰心，而是在逆境中奋斗，迎难而上，开始了他在梁山的奋斗生活。在梁山之上，他也经历了许多磨难，但凭着他的坚韧、他的本领，他成功位列马军五虎将第二位，成为梁山上战斗力最强的人之一。

读到这里，我想到了代表"曼巴精神"的著名篮球运动员科比·布莱恩特。在冲击冠军的关键时刻，他的最佳搭档沙奎尔·奥尼尔离他而去转投热火队，他不仅失去了搭档，还备受低落情绪的煎熬。但处于这样的困境下，只有他才能扛起球队的大旗。于是他幡然醒悟，为了延续这支球队的辉煌，他强化训练，在球赛中助攻队友，毫不退缩，自己也拼尽了全力，疯狂地得分，终于如愿以偿地获得了胜利。这

紧扣原文情节对内容进行高度概括，语言简洁、朴实，找准切入点，有感而发，提出鲜明的观点。

用著名篮球运动员科比的例子生动说明越是处在困境中，越要奋勇前行的道理。

就是科比的"曼巴精神"——从不放弃，从不退却，在逆境中坚强再坚强！

林冲勇敢奋斗，不怕困难的精神应当永流传！逆境虽不容易克服，但只要有坚定的信念和不断尝试的精神，不断从失败中爬起继续前行，吸取失败的教训，就一定能突破逆境！

五读教主总评

　　这篇读后感引入自然，语言简洁，对林冲这个人物的遭遇深有感触：纵使身处逆境，仍然不放弃，奋发图强。小作者还能够联系现代名人的事例表明，越是处在困境中，越要坚强地面对困难，勇于向前。最后小作者在结尾发出感慨，点明中心。本文是一篇不错的习作。

无用？吴用！

《水浒传》读后感

郭雨桐

开篇即开门见山，从吴用的名字的谐音入手点题，语言生动，饶有趣味，可读性很强。

谈起吴用，姓名就令人费解：明明是"智多星"，偏偏与"无用"谐音，难道是施耐庵"反其道而行之"？

智取生辰纲后，吴用入伙水泊梁山，从梁山众人的角度来说，他是一个"尽职敬业"的"好同事"，上至宋江，下至小喽啰，甚至山上的空气都尊敬他。

不由得，我想起了《三国演义》里的诸葛亮，他们有许多相似之处：同样是军师，地位显赫；同样足智多谋，神机妙算；同样是"亲者爱、仇者惧"；同样忠诚于"主公"，心里想着百姓的利益。同时，他们还有一个相似点——都是"大骗子"。诸葛亮巧施空城计，在虚实之间"骗"了敌人，吴用呢？更是"骗"功了得，让我佩服得"五体投地"。

如《水浒传》第六十一回"吴用智赚玉麒麟"。啥是"赚"？我看就是"骗"。他深知，卢俊义仪表堂堂、品行端正、文武双全，更何况当过大将军，肯落草为寇才怪哩！为了让卢俊义上山入伙，他故意告诉小人李固，说卢俊义写了反诗，是首藏头诗，挑唆李固揭发。想到卢俊义为此所受的苦，那叫一个惨啊！

你看，那些梁山好汉像卢俊义一样被"赚"上山，且都按着吴用设计的步骤来，无一差错。我怀疑，吴用上辈子乃天庭的"骗子神"——或许，就是！不然他为什么叫"天机星"呢！

"智"也好，"骗"也罢，吴用对于梁山水泊而言，何止是有用！"有他称王，无他败亡"，乃是大用也！假如把《三国演义》与《水浒传》串起来，周瑜应该会说："吴用神机妙算，我亦不如他！"

吴用，无用？

吴用，吴用！

巧妙地引用《三国演义》中诸葛亮的空城计，提出两者的相似之处，阐述"骗"者有大智慧的观点。

字里行间，都是兴之所至的表达，行文流畅，语言活泼生动，文末再一次点明并升华本文的主题。

五读教主总评

在本文中，小作者另辟蹊径，从吴用的名字入手，由所读到所感，巧妙地层层推进，用反语来感叹吴用这个"大骗子"有"大用"，还引用了空城计这个典故来进行佐证。整篇读后感中心突出，小作者表达了自己独特的感悟，让人读后回味无穷。

真好汉，真英雄

读《鲁提辖拳打镇关西》有感

曾子皓

"路见不平一声吼啊，该出手时就出手呀……"，耳边回荡着曾经火遍大江南北的《好汉歌》，眼前浮现的是《水浒传》中一百单八位英雄好汉。鲁智深是众英雄中我最佩服的。他，为人直率仗义、智勇双全。

《鲁提辖拳打镇关西》一章中，讲述了他慷慨解囊搭救金老汉父女，孔武有力三拳打死恶霸郑屠户。面对弱者他出手相救，处事周全；面对恶人他疾恶如仇，除而后快。拳打镇关西这个情节是鲁智深一生命运的转折点，他由一个生活舒

引用大家耳熟能详的《好汉歌》开篇，既点明了主题，又具有感染力，是一个很好的开头。

适、颇有威名的提辖官变成了几经逃亡、落草为寇的草莽。但是他从来没有后悔，在他看来，管天下不平之事，杀世间必杀之人，是替天行道。在我看来，他是《水浒传》中的真好汉、真英雄。

不仅社会动荡的北宋末年需要这样的真好汉、真英雄，在和平年代的今天，我们也呼唤英雄。当然今天的英雄不需要快刀杀人，用武力解决问题，但他愿意在危难之际挺身而出，为了他人甘愿牺牲。

你还记得在四川凉山的那场大火中牺牲的消防指战员吗？面对熊熊燃烧的烈火，他们勇敢出发。难道他们就不怕死吗？怕的，谁都怕死，他们也是父母的孩子，也是孩子的父亲，但他们更知道人民的生命、财产受到了威胁，他们要向火而行，哪怕牺牲自己的生命。难道他们不是我们新时代的真英雄吗？

和平的今天，一样有各种各样的大灾小难，一样有让人义愤填膺的不平之事，能不畏困难勇挑重担，能路见不平仗义相助的人就是真好汉、真英雄。

从北宋末年的鲁智深等英雄好汉联想到当今社会的英雄，给了新时代英雄一个新的定义，能引起读者的共鸣。

利用时下热门的社会事件佐证观点，由书本故事联系到生活实际，具有感染力和说服力。

在本文中，小作者以《鲁提辖拳打镇关西》的故事为切入点来写读后感。小作者抓住主人公鲁智深的性格特点，运用联想等手法，联系社会热点事件中的"最美逆行者"，把心中的真实感受行之于文。文章情感真挚，语言优美，内容充实，容易引起读者的共鸣。

《三国演义》读后感

善于分析，洞察人心

读《三国演义》第九十三回有感

唐辙

我们一家人都爱看《三国演义》，经常在一起讨论里面的各路英雄人物：魏国的司马懿、蜀国的诸葛亮、吴国的周瑜等。

被称为"智绝"的诸葛亮，每次出场都是身披鹤氅，坐在四轮车上镇定自若地指挥。但是你知道吗？这么厉害的诸葛亮居然在夺取天水城的时候，被姜维赶上了马。这太让我惊讶了。作为天水太守马遵手下的一位普通将领，姜维是怎么做到的呢？

我认为这要归功于姜维洞察人心、善于分

这个自然段先写诸葛亮给人的印象，再写姜维把诸葛亮赶上马，运用衬托的手法，吸引读者。

析。姜维在用计打败了蜀国的军队后，想到诸葛亮小心谨慎，必定不会轻易攻城，就半夜带领兵士袭击诸葛亮的军营。诸葛亮被重重包围，连车都不坐了，赶紧骑马突出重围，狼狈逃走。就这样，姜维成了第一个也是最后一个把诸葛亮赶上马的人。

本段先抛出自己的观点，再用文中情节进行佐证。

这让我想起了去年暑假，我跟表哥一起玩"吃鸡"的游戏。我想玩经典模式，表哥想玩团队竞技模式，我们互不相让。他"威胁"我说："如果你不跟我玩团队竞技，我就永远不跟你玩了。"我心想："哼！不跟我玩，你就只能一个人孤独地玩，而你又是一个耐不住寂寞的人，我看你能忍多久。"于是我将计就计，顺着他的话说："不玩就不玩。"没过几分钟，表哥就开口说："那我们就玩你喜欢的经典模式吧。"哈哈哈，原来洞察人心、善于分析这么有用。

这个自然段，小作者从姜维洞察人心联想到自己和表哥玩游戏前的心理战，进一步说明了洞察人心、善于分析的用处。

虽然说洞察人心很难，但是只要我们平时多学习，做个有心之人，相信你也能"把诸葛亮赶上马"。

五读教主总评

　　小作者在情节纷繁复杂的《三国演义》中，选取了姜维把诸葛亮赶上马的故事，提炼出姜维善于洞察人心、善于分析的优点，还联想到了自己经历的类似的事情，最后言简意赅总结全文。全文"引""概""议""联""结"一气呵成，语言平实，有自己的感悟。

面对困难，要拥有良好的心态

读《草船借箭》有感

罗芷宜

风轻轻地翻动书页，闻着淡淡的书香，我沉浸在精彩绝伦的《草船借箭》的故事中。

周瑜妒忌诸葛亮的才能，有意陷害诸葛亮，就命令他三天内造十万支箭，而诸葛亮在谈笑间圆满地完成了任务。

诸葛亮是何等人物，怎么可能不知道周瑜的"司马昭之心"？面对周瑜给他的"不可能完成的任务"，他果断立下军状令。这件事，我是这样看待的：一方面诸葛亮是"神人"，他早已料到三天后必有大雾，设计好了"借箭"的

《草船借箭》这一故事大家都耳熟能详，简要概括故事情节即可，不必详细复述。

全程；另一方面虽然他运筹帷幄，全盘计划了然于胸，但事情只要还没发生，就充满了不确定性，只有具备良好的心理素质，才能保证这一计划完美实施。

在生活中，面对困难时，如果我们也拥有良好的心理素质，那很多困难就能迎刃而解了。

"妈妈！我怕！我很怕！"我拼命地喊着。长老峰裸露的石壁被雨水冲得坑坑洼洼，看着被霞光映红的石道，摇晃的铁链，恐惧在悄然间铺天盖地向我袭来。满是汗渍的手抓着铁链，脚微微抬起，"呀！"我的身体像被什么抽了一下，脚滑了一下，而整个人却来不及反应，只感觉摇摇欲坠。

慌乱间，我想起了"草船借箭"时的诸葛亮，他好像在对我说："小姑娘，不要怕，面对困难，要拥有良好的心态，相信自己能行。"对，为了这次登山，我提早做好了体能上的准备……我是"有备而来"的，我是来证明自己的，我要带着勇气登上去！望着那条看不见尽头的石道，我心中的恐惧褪去了不少，困难已然不能

描写到位，穿插着环境描写，渲染气氛，交代过往经历的同时，也引出了当时要应对的困难。

写出"我"调整心态的过程，排比句增强了语气，让读者感受到小作者确实做好了面对困难的准备。

阻挡我迈出步子。信念愈发坚定，害怕的感觉荡然无存。终于，我爬到了山顶，天上的云是那么舒展，空气是那么新鲜。张开双臂，风扑进我的怀里，是的，我做到了。

　　诸葛亮无法拒绝周瑜设下的陷阱，但他面对困难，能保持良好心态，运筹帷幄，最后顺利完成任务。我也无法阻止困难的到来，可我会调整心态，积极做好应对的准备。愿我们面对困难，都能拥有良好的心态，战胜困难，拥抱更美好的明天。

五读教主总评

本文符合读后感"以感为主"的写作模式。小作者提炼的"拥有良好的心态"这一观点角度新颖，也很有现实意义。小作者能联系自己爬山遇到困难，后来调整好心态，最终爬到山顶这件事来抒发感想，而且描写生动，语言凝练。全文先写读，然后提出观点，再联系生活，最后回到主题，抒发感想。全文主题鲜明，观点一致，引人深思。

坚韧不拔，无所畏惧

读《刮骨疗毒》有感

刘子轩

《三国演义》中说到，关羽被毒箭所伤，臂已青肿，他却不肯回城医治。华佗听闻此消息，赶来为他医治，华佗说："医治此病，需要割开皮肉，再刮去骨上的箭毒。"刮骨疗毒时，关羽全无痛苦之色，边喝酒吃肉边谈笑风生，与马良下棋。刀刮在骨头上的"唏唏"声，令人闻声丧胆，但是关羽仍以坚强的意志坚持着，镇定自若，令华佗十分佩服。

没错，在生活中，我们会遇到各种各样的困难，放弃是最容易的事情，但想要取得成功，

从刮骨疗毒的故事中提炼出这个观点，点明主旨，突出中心。

就要拥有坚强的意志，克服困难。

当我看到老师布置的用思维导图整理"长方体的面积"这一任务时，我欣喜若狂，正好可以试一试老师推荐给我们的 XMind——一款思维导图编辑软件。我立刻捧起平板电脑，开始制作自己的思维导图。正当一切进行得还算顺利时，有一部分知识点我忘记了，我打开另一个软件，看我遗忘的知识点。当我再次点开 XMind，准备完善思维导图时，却看见一片空白，原来它已退出了编辑状态，我刚刚所做的思维导图内容荡然无存，只剩下最开始的主标题。

天哪，我冥思苦想一个多小时，辛辛苦苦完成的思维导图，就在眨眼间化为泡影？心底的烦躁与怒火瞬间迸发，虽然天气并不炎热，我却憋出了一身大汗。

正当我万分焦躁，濒临崩溃时，我忽然想起关羽刮骨疗毒的情景，关羽遭受着极度的痛苦却毫不退缩，而我只是在学习上受了点挫折，难道还不能克服吗？虽然长时间盯着平板电脑屏幕，眼睛酸胀，但我仍然强打起精神，给自

选材新颖，联系生活实际。

小作者穿插运用各种描写方法，表现出自己内心的委屈和烦躁，写出了真情实感。

结合原著，读后感重在"感"，从这个事例中感悟的点与原著是相通的，保持了观点的一致。

己鼓劲。这一次，我比以往更有耐心。我细心地编辑整理，还发挥了创意，补充了许多知识，终于完成了第二次思维导图的编辑。

是的，我们就要像书中的关羽一样，面对生活中的种种困难和挫折，不气馁、不放弃，凭借坚强的意志坚持下去，一定能够取得成功。

《三国演义》这本书令我受益良多，其中的道理在实际生活中帮助我解决了不少难题。

适时对比，发表议论，再次点明中心，突出中心。

　　本文符合读后感以感为主的模式。文章从概括故事内容出发，提炼出观点，然后联系自己的生活，适时对比，抒发感想，发表评价，将"感"分散在文中。小作者结合生活实际，挑选了编辑思维导图遇挫这件事，素材新颖，内容真实，容易引发共鸣，也比较有现实意义。

足智多谋的英雄邓芝

《三国演义》读后感

徐朗

读完《三国演义》这本书，里面各类人物鲜活的面容一一浮现在我的眼前。三国中足智多谋的英雄不可谓不多，青梅煮酒的曹操，纵火赤壁的周瑜，草船借箭的诸葛亮，还有庞统、荀彧、郭嘉等人。在那盛产英雄的三国时代，我最佩服的却是蜀汉重臣邓芝。他赏罚明断、体恤士卒、足智多谋。

我佩服他为人刚正，任内清廉、严谨。他从将二十多年，从未经营过私有产业，家人儿女不免挨饿受寒。如此清正廉洁、公而忘私的

群雄纷争，英雄辈出，小作者却钟情于许多人都未必记得住的邓芝，平凡的开头，必定有不凡之感。

人，无论在哪一个年代，都会是个好官，都会令人心生敬佩。

我更佩服他足智多谋、能言善辩。邓芝是一个超凡的外交家。他人生的高光时刻是在书中第八十五回和第八十六回，刘备病逝，蜀汉大厦将倾，他主动站出来，向诸葛亮提出了蜀汉联吴抗曹的建议。邓芝出使吴国后，孙权"设兵陈鼎"，给了他一个下马威。他分析天下局势，指出吴国的困境及两国结盟的理由，三言两语便力挽狂澜，促使蜀、吴再次联盟，让三足鼎立的局势又延续了四十年。孙权写信给诸葛亮说"和合二国，唯有邓芝"，给了邓芝极高的赞誉。

从邓芝的经历中，我深深体会到人的聪明才智可以改变一个国家的命运。"春天不播种，夏天就不会生长，秋天就不能收割，冬天就不能品尝。"要想自己比别人更优秀，就得付出比别人更多的时间，更多的努力。当同龄人在看电视、玩手机、睡懒觉时，我在温习课本知识，我在看课外书，我在弹吉他和练书法……我要让自己成为一个优秀的人、有用的人、足智多谋的人。

　　读了英雄邓芝的故事，我敬佩邓芝是那个时代的和平使者，让老百姓过了几十年安定的生活。我们这个时代也需要邓芝这样的英雄，他们能发挥自己的聪明才智，用和平的方式解决纷争，让大家过上平安幸福的日子。我希望通过自己的努力，成为他们中的一员，为促进世界和平贡献自己的力量。

五读教主总评

　　在本文中，小作者选取了三国群英会里并不显眼的邓芝作为主要描写对象，视角独特。他从邓芝身上择取了清正廉洁和足智多谋两个点来写，一略一详，最终回归到对精彩人物的精彩事件的感悟上，可见其对阅读的理解和人物的把握都较为深入。全文风格沉稳大气，颇有大将之风。

骄傲自大的曹操

读《赤壁之战》有感

黄昱

我觉得"赤壁之战"是《三国演义》里最具传奇色彩的战役。拥有八十万大军的曹操，竟然被兵力比他弱很多的孙权、刘备打了个落花流水。这听起来好像不可思议，但我认为这是必然的，因为曹操过于骄傲自大。

赤壁之战还没有开始，曹操就写了一封自吹的信给孙权："近者奉辞伐罪，旌麾南指，刘琮束手。今治水军八十万众方与将军会猎于吴。"信很短，曹操的洋洋自得却跃然纸上。我仿佛能看见曹操写完信后站在船头，背着手，对着

开头用赤壁之战以少胜多的不合常理，直接点出曹操骄傲自大的性格特点，同时引出下一段对曹操骄傲自大的性格的分析。

长江哈哈大笑："我是天下最厉害的，所有的人都来臣服于我吧！"骄傲自大的曹操丝毫没把孙权、刘备放在眼里，还认为黄盖、甘宁、庞统等人是真的想向他投降。自大、轻敌，使曹操在赤壁之战中多次决策不当，指挥失误，比如他明明知道庞统提供的"连环计"怕火攻但仍然采用，因为他相信冬天不会有东南风。在火烧赤壁后，他在逃跑途中还嘲笑诸葛亮无智、周瑜无谋，到了华容道甚至说诸葛亮、周瑜是"无能之辈"。我觉得，曹操的骄傲自大可谓是"三国第一"了。

我也犯过骄傲自大的错误。读三年级的时候，我连着两个单元的数学测验都考了满分，于是就骄傲自大起来，觉得自己的数学学得很好，上课也不听老师讲课了，练习册也不做了。结果期中考试时，我的数学才考了八十八分。拿到成绩的时候，我后悔得哭了。还有一次，在一场围棋比赛中，前几局我都轻而易举地赢了，一路凯歌让我飘飘然起来，觉得小组冠军唾手可得了。最后一局，我一看对手是一个又瘦又小的女孩子，就觉得赢她肯定是"铁板钉钉"的事儿，自大和轻敌使我疏忽大意，最后我被打了个落花流水。冠军梦也随之破碎了。有了这两次深刻的教训，我再也不敢骄傲自大了。

"虚心使人进步，骄傲使人落后。"不论是为人、学习还是做事，我们都要谦虚、认真，不骄不躁。

五读教主总评

　　小作者开门见山，"引"出全文，"概"出赤壁之战失败是曹操的骄傲自大导致的，然后边"摘"边"议"，勾勒出了曹操骄傲自大的形象，而后"联"到自己经历过的类似的两件事例，加深了对骄傲自大的坏处的认识，最后用名句作"结"，简洁明了。全文在结构上很好地诠释了读后感的写作技巧——"引""概""摘""议""联""结"。

多角度，识周瑜

读《孔明借箭》有感

曾吉萍

《三国演义》是我国四大古典名著之一，书中有许多家喻户晓的经典故事，《孔明借箭》便是我最喜欢的一篇。

《孔明借箭》主要讲了蜀吴联手抗魏，周瑜命令孔明在三日内造十万支箭。孔明通过鲁肃的帮助，成功向曹操"借"来十万箭矢，引得周瑜自叹不如。

文章的开头，因孔明一席话，"恐公瑾心怀妒忌，又要寻事害亮"，周瑜便落得个妒忌心强的形象。后文又提到周瑜让孔明立下三日造好

这个自然段，小作者先通过文章的一些关键句写出众人眼里周瑜"嫉妒心强"的形象。

十万支箭的军令状，这一举动更是让大家对周瑜心生不满，认定他是一个嫉妒心强的人。

其实不然，当我换个角度，站在周瑜的立场去看周瑜的时候，我觉得他是一个把国家利益放在首位的忠心耿耿的将领。在草船借箭这件事中，周瑜的做法无疑是一举两得。他让孔明去造箭，一是料到孔明无法在三日内造出所需箭矢，孔明便会因此丧命，这样既除了蜀国这个神机妙算、有勇有谋的军师，又除了威胁吴国的心头大患，扫清了他们一统天下、建立统一政权的路上的障碍，这难道不是一个将领的雄韬伟略吗？二是若孔明顺利完成任务，周瑜便能不费吹灰之力获得十万支箭。如此，周瑜难道不是一个机智、有谋略的将领吗？

故事的最后，孔明如约"借"到了十万支箭，周瑜长叹一声："孔明神机妙算，吾不如也！"平日里如此"嫉妒"孔明的周瑜，也在虚心感叹自己不如孔明，正视自己的不足。在学习中，我难免会对写作能力好的同学产生嫉妒之心，想着为什么别人的文章能写得字字珠玑、如有神助，而我的文章却平淡无奇，读来味如嚼蜡。但是静下心来仔细一想，嫉妒又有什么用呢？嫉妒既不能让我文思泉涌，也不能让我的写作行云流水。我应该像周瑜一样正视自己的不足，去请教那些写作能力好的同学，虚心向他们学习，相信总有一天，我也能像他们一样妙笔生花、下笔如有神助。

当我学会从多角度去看问题时，发现周瑜虽有嫉妒之心，但也会虚心感叹，正视自己的不足。站在国家利益的立场，他是个忠心耿耿的将领，机智有担当。正如诗中有云："横看成岭侧成峰，远近高低各不同。"

在这一自然段的开头，小作者从故事的关键句中又找到了另一个角度，发现了周瑜的另一个形象特征，然后联系自己的生活实际，佐证自己的观点。

五读教主总评

　　小作者选用《孔明借箭》这个大家耳熟能详的故事来写读后感，却并未写故事的主人公——孔明，而是另辟蹊径抓住周瑜的忠心和虚心来打破世人对周瑜的刻板的看法，告诉我们应该从多角度看问题。小作者运用联想、对比、反问等手法，通过生活中的例子，将自己读《孔明借箭》一文时对周瑜的真实看法以及感受写了出来。文章语言朴实，容易引起读者的共鸣。

想当然大阅读

快乐读书吧
推荐书目读后感 04

经典名著篇(下)

何捷 主编

人民邮电出版社

北京

《城南旧事》
读后感

善良让世界更美好

读《城南旧事》有感

林陶子

通过对比的方法，写出英子对待秀贞的态度与他人的不同，再联系书中的经典情节，写出英子的纯真善良。

《城南旧事》由中国台湾女作家林海音所著，这本书记录了作者的童年生活，其中有悲伤，也有欢乐。书中英子的纯真、善良深深地印在了我的脑海里。

惠安馆有个疯女人叫秀贞，人人都害怕她，唯独英子不怕，还和她成了很好的玩伴。当英子知道和自己一起玩耍的妞儿正是秀贞的女儿小桂子时，她想方设法让她们母女相认。

英子的纯真善良，让我想到新冠肺炎疫情期间一位位平凡的英雄。

他们是白衣天使、警察、志愿者……在这次疫情中，他们奉献着自己的光和热，用自己的行动保护老百姓的生命安全，他们是最可爱、最善良的人。他们和英子一样，用自己的善举改变世界，这份纯真和善良，深深地打动了我。

英子说，她分不清海和天，更分不清好人和坏人。当她在草丛里遇见那个小偷时，她不仅不害怕，还和小偷成为了朋友，并且和他约定将来要一起去看海。

从"一个人"写到选择逆行的"一类人"，再联系自身，进一步写出感受，阐明"善举改变世界"的道理。

面对小偷时异于常人的反应让我感受到了英子的纯真，这份"真"让我想到了一个温情的故事。一对夫妻上了火车后，丈夫发现一位面容疲惫、腿脚有点不便的女士正坐在他的座位上呼呼大睡，他没有惊动她，而是选择从起点站到终点，三个多小时的车程，没有埋怨、没有不满。下车后，太太有些心疼："中间这么长时间，可以请她把座位给你，换你坐几站也好。"丈夫却说："人家不方便一辈子，我们不方便三个小时而已。"书中的英子、武汉的"强哥"、火车上的夫妻，他们选择了善良，选择用

描写书中的另一个故事，结合英子与小偷成为朋友的情节，进一步写出英子的纯真。

自己的方式让世界更美好。一个小小的善举或许不能改变什么，但是许多善举的积累会让世界越来越好。这于我而言，是一种启发，也是一种激励。我要尽我所能，从小事做起，让世界更美好。

莎士比亚说过："善良的心地就是黄金。"诚然，善良是能让世界变得更美好的宝贵财富！

五读教主总评

　　小作者被主人公英子善良、纯真的性格特点打动，以英子对待秀贞和小偷的态度为切入点写读后感。这篇读后感主题明确、条理清晰。小作者结合故事情节，对比英子和大人的不同，写出英子的性格特点；再联系具体事例，讲事实、摆道理，夹叙夹议，抒发自己真实的阅读感受，表达了自己对善良与纯真的赞美。

女子本弱，为母则刚

《城南旧事》读后感

朱梓童

冬日里的骆驼队、在惠安馆门口张望的秀贞、"我们看海去"的约定……构成了英子多姿多彩的童年，也组成了《城南旧事》这本书。《城南旧事》，林海音著，全书以小英子的口吻讲述了作者与众不同的童年。

这本书生动形象地刻画了善良、机智的英子，吃苦耐劳的宋妈……其中最能打动我的就要数秀贞了。

她每天站在惠安馆门口张望，六年如一日地为小桂子做着一件件衣裳，只希望失踪的女

开头先简要列举书中的几个经典人物，然后点明书中最打动自己的人物，让人一目了然。

儿小桂子能回来。秀贞，一个别人眼中的疯子，她对女儿执着的爱深深地打动了我。她"疯"是因为她爱，所以不舍，无法放下。在我眼中她是一位平凡而伟大的母亲。

看着秀贞不甘心地寻找她的女儿，我的脑海里渐渐浮现出一幅画面。武汉协和医院里弥漫着忧伤、焦灼、不安的气息。在一间发热门诊留观病房里，昏暗的灯光下，一位老奶奶白发苍苍，她戴着厚厚的口罩，佝偻着身子，一只手抓在病床的栏杆上，另一只手紧紧地攥着儿子的手。他的儿子六十四岁，得了新冠肺炎。这位九十高龄的老奶奶在儿子的病床前守了五天五夜，饿了就吃方便面，累了就靠着病床休息一会儿。等待了五天后，她的儿子终于住进了隔离病房，可她还是不放心，找护士借来纸笔，给儿子留言："儿子，要挺住，要坚强，战胜病魔，要配合医生治疗。戴呼吸器不舒服，要忍一忍……"

我不禁被这位老奶奶深深地打动。"凯风自南，吹彼棘心，棘心夭夭，母氏劬劳。"这位老

结合故事情节，抓住秀贞每日在门口张望和为小桂子做衣裳这两个细节，进一步说明被打动的原因。

从秀贞对女儿的爱，联想到高龄奶奶对六十四岁儿子的爱，刻画了一位平凡而伟大的母亲形象，凸显文章主题。

联系自身，列举与妈妈相处的生活细节，写出母亲对自己的爱，进一步写出自己的感受。

奶奶为了守护儿子的生命，不离不弃，柔弱的她变得勇敢，变得无所畏惧。

我的妈妈也是一位平凡的母亲，在生活中总是无微不至地照顾我、呵护我。餐桌上的美味佳肴、生病时的嘘寒问暖、犯错误时的"河东狮吼"，这些都是妈妈对我的爱……

女子本弱，为母则刚。母爱在这些时刻，释放出巨大的能量，闪耀出最璀璨的光芒！

五读教主总评

　　小作者围绕书中的典型人物秀贞写读后感。小作者读出了秀贞"疯癫"背后平凡而伟大的母爱，提炼出"女子本弱，为母则刚"的主题，联想到九十岁的老奶奶和自己的母亲，从细节入手，层层深入，既写出了自己的阅读感受，也歌颂了伟大的母爱。全文语言真挚，令人动容。

爱与勇气

《城南旧事》读后感

陈紫灵

《城南旧事》出自林海音笔下。主人公小英子活泼可爱，有一双看透世俗的慧眼。照料英子一家的保姆宋妈，心地善良，吃苦耐劳，但她的经历充满坎坷，让我印象深刻，备受感动。

宋妈是一位善良、勤劳的母亲。她忍住对孩子的挂念，三四年没回老家，坚持每年往家里寄银子，只是为了让孩子过得更好，结果却得到了一个噩耗：许久不见的儿子掉进了河里，女儿也被他那个不争气的丈夫卖了。她不断寻

这一段先总写宋妈"善良、勤劳"的特点，然后结合宋妈失去儿子、女儿的悲惨经历写出宋妈的不易和伟大。

120

找女儿未果，伤心绝望，一味逃避，不忍面对这些事实，内心备受煎熬与折磨。我对这位平凡母亲的悲惨命运感到痛心的同时，也深深感受到做母亲的不易和母爱的伟大。

由此我想到了自己的妈妈，在我生病时，对我的百般关怀与呵护；在我犯错时，对我的耐心说教与引导；在我不开心时，对我的竭力安慰与开导……这些平凡小事其实都是妈妈爱我的表现。

自然过渡，通过排比句列举了日常生活中与妈妈相处的小事，以小见大，写出自己对母爱的理解。

我感动于那份伟大的母爱，更钦佩宋妈开启新生活的勇气，那是对生活的热爱。她在经受多重打击、一度绝望时，依然选择重启生活，而不像秀贞那样，失去女儿之后一蹶不振甚至崩溃发疯，这份勇气深深打动了我。回想学习生活中的一些经历——我会因考试成绩不好怕被同学嘲笑，而让自己的心情跌落谷底，并给出"我很笨""我不如别人"等不正确的自我暗示；我会因同学的一些言语而不断怀疑自己、否认自己，甚至懊恼得晚上睡不着觉；我还会因一直做不好一件事而轻言放弃……与宋妈的经历

联系自身，抓住身边小事，通过对比的写法进一步表达了自己对宋妈的钦佩。

相比，我面对的这些困难、挫折算什么呢？

　　法国作家雨果曾说过："生活，就是理解；生活，就是面对现实微笑，就是越过障碍注视将来。"生活如果太艰难，那就像宋妈那样，带着爱与勇气面对生活，人生没有过不去的坎！

　　结尾引用雨果的名言，再次联系宋妈这一人物，不仅再次点题，还升华了主旨，给人以启迪。

五读教主总评

　　小作者结合宋妈的经历，聚焦宋妈在困境中体现出的爱与勇气来写读后感。文中，小作者将宋妈与书中另一经典的母亲形象秀贞进行对比，写出自己的感动；再联系自身，将自己在日常生活中面对挫折时的表现和宋妈面对困境时的态度进行对比，通过自己的反例写出对宋妈的钦佩。语言自然真实，让人感同身受。

爸爸的教诲，前行的力量

《城南旧事》读后感

郑旭宏

本段先写自己印象最深刻的一章，接着简明扼要地介绍故事情节，表现爸爸的教诲帮助英子成长，具有层次感。

今年寒假，我阅读了中国台湾著名女作家林海音的自传体小说《城南旧事》，感触颇多。本书围绕老北京城南椿树胡同里的人和事，讲述了英子六岁到十三岁的童年成长故事。

书中虽然没有华丽的辞藻，但是语言朴实自然，触动人心，特别是最后一章《爸爸的花儿落了，我也不再是小孩子》，每次阅读都令我动容。作者以花为喻，用"垂落的夹竹桃"暗示爸爸的病逝，表达了对父亲去世的无限伤感。英子记住了爸爸的教诲，不再幼稚，变得坚强。

低头沉思，我的心情久久不能平静。我的童年虽然没有英子那么丰富多彩，但同英子一样，爸爸在我的生命中也占据着重要的地位。是爸爸的教诲引领我克服困难，不断迈向成功。

扪心自问，平时我一遇到困难就打退堂鼓。记得有一次，奥数老师发了一张课后练习卷。我迫不及待地接过一看——这么深奥！兴致勃勃的我心一下凉了半截。我垂头丧气地回了家，苦着脸提笔作答。在做一道行程问题时，我冥思苦想了二十多分钟，还是没理出头绪。我火冒三丈，愤愤地扔下笔，哼了一声："这太难了，超纲这么多，我才不做呢！"说完，我便转头睡大觉去了。此时的我已被自己的畏难情绪打败，早已把老师说的"先画图，再比出速度、路程差……"这些解题的秘诀抛到九霄云外去了。

第二天，爸爸知道之后毫不客气地责备了我："这道题其实很简单，是你没动脑筋思考！"爸爸拿出那张试卷，让我再做一遍。我静下心来，在爸爸的提示下，回忆着老师教过的方法，画出了示意图，找出了路程差，一步一步解下

在这一段中，小作者详细描写了自己在做奥数题时，因畏难情绪而中途放弃的事例，为下文抒发感想做铺垫。

来，果然算出了答案。我高兴得手舞足蹈。爸爸欣慰地说："只要有恒心、有毅力，再大的困难都打不倒你！"其实我心里明白，是爸爸的教诲、鼓励让我打败畏难情绪，解出难题。

困难就像马路上的石头，只要你勇敢地踢开它，你就会收获一条宽阔的阳光大道。英子爸爸的教育让她学会坚强，爸爸对我的教诲则为我指明了航行的方向，引领着我乘风破浪。

通过对比的方式，进一步阐明爸爸的教诲是自己前行的力量，再次体现主题。

五读教主总评

　　这篇读后感，小作者从英子的成长中获得启示，结合英子爸爸的教育方式来写感受。小作者抓住了英子爸爸和自己爸爸教育方式的相同之处，先简洁明了地概括了故事主要情节，再联系自身，通过生动形象的细节描写，结合爸爸严厉而耐心的教诲，写明了爸爸对自己的引领作用。

成长的责任

读《城南旧事》有感

滕简文

林海音笔下的《城南旧事》是平凡而美好的，一篇篇故事，散发着温暖的气息，亲切动人，每个故事都令我思绪起伏，感慨万千。

"长亭外，古道边，芳草碧连天⋯⋯"这一首离别的歌谣在书中反复出现。书中英子经历了一次次的离别，其中最令我感动的是《爸爸的花儿落了，我也不再是小孩子》中英子与爸爸的离别——爸爸走了，林英子长大了；夹竹桃败落了，英子毕业了⋯⋯英子在离别中逐渐明白了成长的责任。听到爸爸去世的噩耗，英子

運用简洁的语言概括介绍最令自己感动的篇章，接着结合英子的心理活动写出英子眼中"成长的责任"。

表现出的是镇定，她明白了："对于成长来说，年龄不是记号，责任才是标志，长大就是一种勇气和承担。"那一刻，英子长大了，勇敢地担起了肩上的责任。

成长意味着责任，对于英子是这样，于我而言也是这样。那么，我成长的责任是什么呢？爸爸妈妈上班忙，时常加班，为了减轻爸妈的负担，平时放学后我都会先烧上水、煮上饭，有时还会炒个简单的菜。妈妈总是调侃我："不错呀，居家小能手，自己独立生活也没问题了！"从妈妈玩笑的话语中，我渐渐明白这也许就是我成长的责任：首先，我要照顾好自己，照顾好家人；其次，除了"首孝悌，次谨信"之外，我还要学好知识，做好自己的分内事。

联系自身，结合生活小事，有条理地写出"我成长的责任"，解答了段首提出的疑问，写出了真实的感受。

我虽然不愿相信，却很明白，爸爸妈妈不会陪我一辈子，很多路还是要自己走，唯有担起成长的责任，对自己的人生负责，人生的道路才会是条条坦途；也唯有这样，我才能做更多更好的事，去回馈大国小家！而这些，都是英子教给我的。

正如妈妈所说："每个人都是你人生的过客，不会有一个人陪伴你一生。"但是，只要你足够勇敢，你就能在一次次离别中体会到责任感、获得成长。当你把责任当成本分时，你就能像英子一样，为家人遮风挡雨。

五读教主总评

　　小作者从书中英子的经历和心理活动中获得启发，围绕"成长的责任"写读后感。他由英子承担的责任联想到自己成长的责任，结合生活中的小事，以小见大，通过设问、举例、议论等方式，既写出自己的阅读感受，也写出对于成长的思考。全文条分缕析，环环相扣，引人深思。

英子的童年滋味

读《城南旧事》有感

叶子韵

先概括性地介绍故事内容，接着通过排比句列举书中的经典情节，进一步写出英子精彩丰富的童年生活。

　　帮一个"疯子"找女儿、与小偷成为朋友、撮合兰姨娘与德先叔……这些都是《城南旧事》中主人公英子有滋有味的童年往事。去年寒假，我读完了《城南旧事》这本书，虽然书本已经合上，但仍有许多画面印在我的脑海里。

　　《城南旧事》是一本自传体小说，全书以主人公英子的视角生动形象地向我们展示了作者林海音的童年往事。书中，小英子拥有丰富多彩的童年生活——帮"疯女人"秀贞找生死不明的女儿，与为了供弟弟读书而不得不偷窃的小偷成为朋友，撮合爱打扮的兰姨娘和"讨厌"的德先叔，因宋妈的悲惨经历而伤心落泪……最后，随着父亲的离世，英子体会到了自己的责任，在品尝了各种童年滋味之后，英子真的长大了。

在英子百般滋味的童年里，让我印象最深的是"闯过去"的滋味。爸爸让小英子把钱寄给远在日本的叔叔，但是英子很害怕，爸爸告诉英子，英子是家里最大的孩子，要学做许多事，将来好帮着妈妈。那一句"无论什么困难的事，只要硬着头皮去做，就闯过去了"让英子的童年多了一抹色彩。

正如英子那样，我的童年也像个五味瓶，有酸，有甜，有辣，有苦，更有"闯过去"的勇敢。记得前年暑假，我刚开始学游泳，前八节课，我总是游得比别人慢，一直无法进步。直到第九节课，自由练习时，我的脑海中不断浮现出教练的叮嘱："放轻松，不要害怕前进。"一瞬间，我忽然有了勇气。我再次尝试，时刻谨记教练的话，勇敢向前游去。这次我终于跟上

这一自然段，重点结合故事情节谈"闯过去"的童年滋味。

从英子的童年滋味，自然过渡到自己的童年滋味，结合自己学游泳的事例阐述"闯过去就可以成功"的道理。

133

最后一个自然段，小作者从英子身上得到启发，呼吁大家珍惜童年，珍藏童年滋味，从而深化主题。

了队伍！最后一节课时，我已经可以和我崇拜的人游在同一条线上了。那时我明白了，只要硬着头皮去闯，你就可以成功。

其实，每个人都在自己的童年生活中获得了成长，每一种童年滋味都会带给我们不同的感受。我们要像英子那样，珍惜童年，逐步成长，珍藏专属于自己的童年滋味。

　　小作者围绕英子的童年滋味写读后感。开篇先概括地描写了主人公英子丰富多彩的童年生活，接着自然过渡到让自己印象最深的"闯过去就可以成功"的童年滋味。小作者结合书中的情节，联系自己学游泳的事例，告诉我们"闯过去就可以成功"的道理。结尾升华主题，写出了自己的体会。

《俗世奇人》读后感

刮落怪圈的一阵风

《俗世奇人》读后感

王宇峰

> 用形象的比喻、简洁的语言概括了对《俗世奇人》的总体阅读感受：胃口大开，回味无穷。

如果把读书比作吃饭，那么《俗世奇人》这本书虽说不是大餐盛宴，但独家风味的酸甜苦辣，也真是令人胃口大开，回味无穷。

翻开书中的《一阵风》，就像迎面来风，直吹着眼睛不停地往下看：在津门三岔河口，四位身怀独门绝技的好汉，各自头顶着响当当的名号，先后登台亮相。无敌摔跤手山东大汉最先占地称王，他被沧州黑汉的铁砂掌击败；沧州黑汉又被舞着两条空袖子的小老头降伏；小老头却万万没料到，被船夫"一阵风"轻松拿下。而

"一阵风"获胜之后却不再来，只留下一句耐人寻味的话："天津这码头太大，藏龙卧虎，站在那儿不如站在船上更踏实。"

掩卷沉思，可叹那先出场的三位好汉，像被套进了无形的怪圈，几番争斗，无一不以获胜者开始、失败者告终。可赞的是船夫"一阵风"，凭借"知进退"的智慧，用一个"退"字，以疾风之势"刮落"怪圈，光彩谢幕，立于不败之地。

"知进不知退"的怪圈由来已久，植根于"以进为勇，以退为怯"的思想观念。这怪圈不知让多少英雄豪杰断戟折腰。它套住了西楚霸王项羽，闹得"力拔山兮气盖世"的霸王死活"不肯过江东"，落得个自刎乌江的下场；它套住了三国的刘备，害得刘皇叔七窍生烟，执意复仇，结果伐吴兵败，只得在白帝城托孤。

这怪圈"阴魂不散"，稍不留神，它就跑出来找存在感。记得一次我参加全市硬笔书法大赛，抄写总计一千零八十字的《弟子规》。为保证书写质量，我原计划分四次抄完。抄完第三

用"可叹""可赞"对比，提出观点，揭示了船夫"一阵风"的可贵之处，他的可鉴之处是"知进退"，在特定环境下以"退"求进。

先阐明怪圈的内涵和思想根源，再列举名人事例和作者本人的事例说明怪圈依然存在于我们的生活中，警惕怪圈有现实意义。

次时，我被怪圈"套"住了，心血来潮，挑灯夜战，想"毕其功于一役"，结果鬼使神差地抄串了行，来了个前功尽弃。那一刻我真想弄副"退一步"的后悔药吃。

读罢《一阵风》，我感受到了这风的力度和温度，与之伴行，能多一点"知进退"的智慧，少受些怪圈的困扰，真是受益匪浅。合上书，窗外春风又绿枝叶，此刻我忽然觉得船夫"一阵风"正立在船头，笑盈盈地伸出拇指冲我点赞呢。

本段的亮点为尾句，情景交融，增强了与书中人物的心灵沟通，赞美了一阵风的可鉴之处的同时对自我进行了肯定。

五读教主总评

　　文题新颖，既充满悬念又紧扣文章中心，引起读者兴趣。（"怪圈"和"风"指什么？它们之间有什么关系？"风"又是怎么刮落怪圈的？）

　　文章结构严谨。按照"先读后感"，"翻开书"—"掩卷沉思"—"合上书"，这一线索贯穿了概括读物大意—提出观点—论证观点的内容，层次清楚，文脉贯通。

　　"知进退"是同学们在成长中常遇的修身益智课题，小作者在阅读中能发现和捕捉这一问题，立意深、角度新，读后能使人在思想上得到启发。

各行有奇人，奇人在我身边

《俗世奇人》读后感

乔梦琪

今年的寒假格外漫长，学校回不去，书店进不去，我只好把书架上的"存货"重新浏览一遍。有趣的是，每一次重温，我都会有新的收获，比如冯骥才的《俗世奇人》。

这是一部具有天津特色的文学作品，讲述的是一群小人物的故事，语言幽默风趣，人物也生动形象。每一个人为了在这动荡的社会中生存下去，各自凭着一身好手艺，扬名立足，他们身份普通，却常有让人拍案叫绝的"绝活"。

"苏七块"本名苏金散，是一位正骨大夫。

扼要概括了《俗世奇人》一书的主要内容，进而引出文章的主要人物"苏七块"，由面到点，过渡自然。

他手艺高超，手下动作"干净麻利快"，手指一触，就知道病人的情况。正骨时，他双手使劲，上下翻飞，疾如闪电，不等病人觉得疼，断骨就接上了。病人贴上膏药，打上夹板，回家就行了。

旧社会的手艺都是一辈辈传下来的，每一辈人都会凭借自己的努力让技术更加精湛。像苏大夫这样的，从小不知道吃了多少苦，受了多少累，才练就了一身非凡的本领。如今他的本领得到了大家的肯定，所以他的"奇"让他的生活过得有滋有味。

俗话说："三百六十行，行行出状元。"在我们平凡普通的生活中，每一行都有着奇人。疫情蔓延时，有钟南山这样的奇人，夜以继日地研究对策；有老师这样的奇人挺身而出，为我们保驾护航，带领我们踏上网课之路。

由奇人"苏七块"的故事联想到抗疫英雄们逆行而上，为国分忧的事迹，有感而发。

社会在进步，像"苏七块""刷子李""泥人张"这样的手艺人已经逐渐地淡出了我们的视野，先进的机械取代了他们，但是无论什么时候，有一技之长，并且精益求精的人，永远

都会是奇人。

　　生活在无忧无虑的环境里的我们，如果能把老师交给我们的知识学会、学精，那么，我们也可以成为奇人！

五读教主总评

　　全文结构完整，叙述流畅。开头简洁得当，对《俗世奇人》一书的主要内容及"苏七块"的人物特点进行了介绍，思路清晰，感想有理有据。结尾处，小作者表达了自己想成为一个奇人的愿望，耐人寻味，较好地凸显了文章主题。通篇语言凝练而生动，可见小作者良好的语言功底和谋篇布局的能力。

没有规矩，不成方圆

《俗世奇人》读后感

张祎宁

开篇介绍书本主要内容，语言简洁明了，对人物的概括准确到位，从群体到个体，从面到点，引出自己要写的人物。

这几天我读完了《俗世奇人》这本书。这是冯骥才先生的短篇小说集，书中细致地刻画了许多有绝活的普通人，例如刷墙技艺高超的"刷子李"；不用看，捏啥像啥的"泥人张"；出口成章、落笔生花的"冯五爷"……

其中令我印象最深刻的是"苏七块"。他原名苏金散，是个正骨大夫。他有个规矩，来看病的人必须先拿七块银圆，否则绝不搭理，于是众人在背后给他起了一个绰号"苏七块"。

苏大夫给我的第一印象是技术高超，不过，他带给我最大的触动是立了规矩坚决不改，做事非常讲原则。

文中讲了一个小故事，有一天苏七块与人打牌，牌打到一半，门外来了一车夫——张四，张四的一只胳膊断了，要苏七块给治，可车夫张四没钱。牌友华大夫推说去上厕所，偷偷塞给张四七块银圆。张四将七块银圆交给苏七块，苏七块这才帮张四接了骨头。晚上，人走光了，苏七块取出七块银圆还给了华大夫，说："不要以为我心地不善，而是我定的规矩不能改。"原来苏七块还是个刀子嘴豆腐心的好人。

与"苏七块"一比，我感到很惭愧。

在平时的学习和生活当中，我也经常给自己定一些规矩，但总是坚持不了几天，把规矩改了又改，最后规矩就被我自己破坏了。比如因为疫情，我们都在家上网课，上课时间比较晚，我就给自己定下规矩：每天早晨背一首古诗，读十分钟英语，做半页数学练习题。前几天坚持得还不错，可是，如果遇到一些比较难

背的古诗，我就会想：这首古诗太难背了，两天背完吧！或者索性当天的英语我就不读了。还有，我给自己定的起床时间为六点三十分，却经常因为困倦，把闹钟关了一次又一次。所以，一周下来，我能在六点三十分准时起床的也就三四天。总之，我自己定的规矩总是轻易地被自己改来改去。

读完"苏七块"的故事，我真是惭愧不已。我下定决心，一定要改变自己。正所谓"没有规矩，不成方圆"，以后，无论做什么，我一定要按定好的规矩去做，做一个坚守原则的人。

五读教主总评

　　小作者用平实的语言，简介整本书的内容后，先讲了"苏七块"名字的由来，接着简单介绍了关于他的一个小故事，让读者对"苏七块"有了初步的认识，而后结合自身生活中的小事谈感受。小作者对自己经常改变自己定的规矩与"苏七块"定下了规矩坚决不改的做法进行对比，在对比中把自己的惭愧之情写得真真切切，是一篇不错的习作。

神医王十二
读《俗世奇人》有感

宗奕帆

《俗世奇人》是一本让人百看不厌的书，它讲述了天津卫的奇人奇事，内容鲜活，生动有趣。我对其中的《神医王十二》这篇故事格外喜欢。

神医王十二是有一手非凡绝活儿的人。话说一个铁匠在租界打铁不小心将铁渣子打到了眼睛里，痛得大喊大叫，王十二一看铁渣子都扎进了眼球，泪中带血。旁人吓得倒吸凉气，而王十二沉着冷静，扭身从洋货店里拿来了一块磁铁，将磁铁在铁匠眼前一晃，"叮"的一声，

简要介绍故事，举例说明王十二是一位名副其实的神医，为下文谈感受做准备。

将铁渣子吸走了，就这样治好了眼病，铁匠居然一点儿不疼了。你说神不神！

王十二他平时爱逛洋货店，爱看新鲜玩意，好奇心、探究心极强，这次给铁匠治病就是最好的证明。这个故事让我明白了善于观察可以改变我们的生活，如爱迪生通过细致观察发现钨丝的实验效果最好，于是夜晚就有了光明；屠呦呦发现中药青蒿抗疟有奇效从中提取出青蒿素来治病救人……

从故事中总结收获，进一步举出爱迪生、屠呦呦的成功案例，充分说明了善于观察给人类生活带来的益处。

生活中，我常会和妈妈坐公交，在等车时我会看看站牌，不由地记下各路公交的运行线路。一次，我们经常坐的 23 路车迟迟未到，妈妈急得跺脚。我拉着妈妈："3 路来了，咱们先坐这辆走，再去换乘 6 路一样可以到学校！"妈妈一脸疑惑地跟着我上了车，结果我们准时到了学校。这不经意间的积累却给我们带来了便利。就像爱默生的名言"细节在于观察，成功在于积累"。

笔锋一转，联系生活实际，引用名人名言升华了文章主旨，让读者在不知不觉中和小作者产生共鸣。

王十二让人惊，让人服，更让人敬。他乐善好施，救死扶伤，一视同仁。这又让我想到

了 2020 年的新冠肺炎疫情，多少医务工作者迎难而上，无畏生死。84 岁的钟南山爷爷日夜不休在一线，爱美的护士姐姐剃掉长发守护病人……他们战斗在最前线，冒着生命危险去救治一个个陌生人，厚厚的防护服包裹着他们，我们看不清他们的面庞，但我们清楚地知道，他们就是我们心中的英雄。

我突然明白了，生活中的那些"奇人"，他们不仅有着一身好本领，还有着一颗善良的心，所以会让人服，让人敬，让人称"奇"！

小作者不仅从王十二身上发现了更为珍贵的闪光点，还联想到疫情中的最美逆行者们，升华了文章的又一主题。

文章结尾总结了自己的所获与所感，令人崇拜、被人称"奇"的人不仅要本领强，更要品格美。

五读教主总评

　　本篇习作，小作者选取了"神医王十二"这一故事来谈读后感，运用了简洁的语言介绍故事内容，同时运用举例的方法来联系生活实际。整篇文章条理清晰，观点明确。神医王十二的故事不仅让小作者惊讶，更让小作者叹服，叹王十二妙手回春的"奇"，服王十二的救死扶伤的"品"。一个故事不仅能给孩子带来生活的乐趣，还能给他们带来人生的启迪，这就是书的"魅力"！

做最好的自己

读《俗世奇人》有感

吴浩阳

成功的花，人们只惊慕她现时的明艳！然而当初她的芽儿，浸透了奋斗的泪泉，洒遍了牺牲的血雨！

——题记

冯骥才的《俗世奇人》让我爱不释手，文中的主人公可以说都是普普通通的人，但是他们所做的事却让人拍手叫绝。

"刷子李"是专干粉刷的师傅，"刷子划过屋顶，立时匀匀实实一道白，白得透亮，白得清爽"，"居然连一个芝麻大小的粉点也没发现"，他可谓是行家，而且是当时这一行业里不可超越的行家；"开所行医，正骨拿环"的"苏七块"也可谓妙手回春、医术高超的行家里手；还有让"贱卖海张五"成为街头巷尾谈论的笑点的"泥人张"……

掩卷沉思，他们何以有如此本领！

我想到了老师讲过的被称为"书圣"的王羲之。为了写好书法，他从小勤奋刻苦，把门口水池里的水都染成了黑色，所以有了"墨池"的典故，激励了无数人。

"隐形翅膀"断臂钢琴师刘伟被评为2011年感动中国十大人物，失去双臂的他在维也纳金色大厅舞台精彩的演绎，让世界见证了中国男孩的奇迹。

不经一番寒彻骨，便不会有傲立风雪的寒梅的暗香；蝉饱受地下数年之久的黑暗的煎熬，才迎来唱响整个夏天的精彩；赛场上拼搏的运动员也一定在场外挥洒过无数的汗水，才迎来那一刻的成功……

《俗世奇人》摆在面前，我想到了身边的

人——我的同学宇峰。自从和他成为同班同学后，同学们就知道他每天都坚持写日记，从不间断。到了假期的时候，他会把自己一学期的日记整理好，打印出来，这既是美好的回忆，又是难得的学习资料。因此，他的写作成绩总是名列前茅，他自然也成为我们学习的榜样。

《俗世奇人》中一个个鲜活的形象从墨香中跳跃出来，吮吸着书籍带给我的营养，我感觉自己找到了努力做"最好的自己"的道路：付出，坚持不懈地付出，认准了就去做，不管有多大困难都不放弃。

我们可以普通，我们可以平凡，但我们必须努力做最好的自己。

由书本到历史人物到现代人物，从身边人到自己，水到渠成。结尾句的扣题使文章结构更完整。

五读教主总评

　　《俗世奇人》由一篇篇独立的文章构成，在风趣中让人思考。"奇人"自有"奇"的理由，是什么让普通人变成了"奇人"，小作者挖掘出了背后的原因。这样的思考和思考后的文字不禁让人眼前一亮，相信《俗世奇人》带给小作者的不仅仅是读书的快乐，还有成长的帮助——努力做最好的自己。

天生我材必有用

读《俗世奇人》有感

李若愚

"杨家茶汤！好喝的茶汤！喝不腻的茶汤喽！"每次读《好嘴杨巴》这个故事时，我的脑海里都会出现这个叫卖的场景，接着便跟随作者走进了天津卫的市井生活。

杨家茶汤闻名津门，一方面依赖于杨七的好手艺，一方面有赖于杨巴的好口才，有了他俩一内一外的配合，来喝茶汤的客人络绎不绝。

茶汤虽是个简单的小吃，想做好却不容易。杨七细心钻研找到诀窍，可以保持茶汤从头喝到尾都有香味，私下里他可没少下功夫。由此我就想到了学习，老师在课堂上明明教的都一样，为什么大家的成绩会有那么大的差距呢？我想，差距就源于认真程度。就像我身边那些"学霸"，课下他们也在下功夫，对一道题举一反三，从不同的角度思考，慢慢地，解题方法就多了，脑子也更灵活了，所以成了人人羡慕的"尖子生"。"世上无难事，只怕有心人"，老祖宗留下的名言，到今天依然适用。

由做好一碗好茶汤不容易，引发思考，说明学习也要认真钻研才能取得好成绩。

杨巴虽不像杨七那么踏实，却有一张巧嘴。话说地方官把杨家茶汤作为地方特色推荐给了来津巡视的李中堂，可谁知李大人只看了一眼，就皱着眉头把汤碗打翻在了地上。地方官吓得够呛，而杨巴一看这场面，立即猜出中堂大人把茶汤上面的碎芝麻看成了脏东西，所以发怒。他马上一边磕头一边说："中堂大人息怒！小人不知道中堂大人不爱吃压碎的芝麻粒，惹恼了大人。"婉转的一番话，既给了中堂台阶，又化解了可能的杀身之祸，最后还得到了奖赏。从这个小细节中，我看到的不仅仅是杨巴拥有一张巧嘴，还有他善于观察、为他人着想的机敏，

杨巴应对突发难题的过程，表现出他巧妙的说话艺术。

159

这份智慧更令人钦佩。

　　故事讲到这里，大家一定叹服于杨七的踏实和杨巴的才智。可若是两人的角色互换一下，让杨巴去做茶汤，让杨七去献茶汤，故事又会变成什么样呢？结局无从知晓。但是我知道尺有所短，寸有所长，每个人都有自己的优势，也有自己的不足，他们两个在一起，各取所长，各司其职，才有了杨家茶汤的好口碑，缺一不可。

　　"天生我材必有用"，每个人在这个世界上都是独一无二的，都有自身存在的价值，只要我们找到适合自己的位置，发挥所长，就可以成为对社会有用的人。

　　从故事内容引申到自己的思考和感悟，每个人都有自己的优势，也存在这样或那样的不足，只要我们找到合适的位置，一样可以发挥才干、创造价值。

五读教主总评

　　小作者的读后感，从一个叫卖的场景引入，能够迅速抓住读者的眼球。围绕一碗茶汤，先讲了杨七的认真精神，又讲了杨巴的危机处理，突出两个人取长补短、分工合作，互相配合才能取得成就的道理。文章最后跳出"好嘴"的限定，说明既要肯定踏实付出的光芒，也要看到精彩表达的价值，点明主题"天生我材必有用"。

《汤姆·索亚历险记》
读后感

正义战胜恐惧

读《汤姆·索亚历险记》有感

侯成跃

长篇小说情节复杂，写读后感时常常出现"东一榔头西一棒槌"，看似"面面俱到"，实则空洞无物的问题。小作者巧妙锁定特定章节感受人物品质，这是一个好方法。

童年是天真无邪的，美国著名作家马克·吐温所写的《汤姆·索亚历险记》中的汤姆·索亚的童年也是如此。他虽然调皮捣蛋，爱搞恶作剧，但他是一个勇敢无畏、聪明机智、正义善良的好孩子。

书中《汤姆出庭作证》这一章让我深深感受到了汤姆的勇敢和正义。故事中汤姆与好友哈克无意中目睹了印第安·乔杀害鲁滨孙医生，并把罪名嫁祸到波特头上的经过。次日，波特就被抓了起来，可是汤姆不敢说出真相。最后在善良的驱使下，汤姆还是在这场谋杀案开审时出庭作证，让无辜的波特洗脱罪名。

里欧·罗斯顿有一句名言："不懂害怕的人不能算勇敢，因为勇敢指的是面对一切风云变幻，坚强不屈的能力。"汤姆面对残忍的杀人案，内心恐惧至极。但他最后仍然冒着可能被印第安·乔报复的风险挺身而出，说出了真相。这故事不禁让我想起了一个视频——一个男孩说他们村里有个人病倒在地上，因害怕被传染，没人敢帮忙把他送去医院，最后那个人去世了。我想，如果有个勇敢点的人，做好防护措施，把病人送去医院医治那该多好啊！

苏霍姆林斯基说过："压抑良心的声音，是件危险的事。"说什么、做什么都不能违背自己的良心，否则会伤害到他人，自己也会很痛苦。

汤姆只是一个普普通通的孩子，他站出来说出了真相，挽救了一条无辜的生命，让罪人受到惩罚，想想就觉得他很伟大。他需要多少勇气才敢说出真相？我想，勇气的背后正是汤姆的善良和正义！在自己可能被报复和冤枉一

引用里欧的名言作为本段开头句，撑起论述支架，亮出了小作者的观点，不仅丰富了文章的内容，也使观点更有说服力。

小作者引古论今，引用苏从不畏生死劝谏楚庄王的典故，含蓄地表达了关于"正义和勇气"的见解，增强了文章表达的生动性和可读性。可见，博览群书多么重要呀。

个无辜的生命之间，他选择了正义。春秋时期，也有个非常勇敢的人——大夫苏从，他知道进谏者格杀勿论，但为了国家利益，他勇敢地劝谏整天只知吃喝玩乐、不管国家大事的楚庄王，结果感动了楚庄王，让他重新振作并让自己得到重用，辅佐楚庄王一鸣惊人，成为春秋五霸之一。我十分敬佩这些勇者，我多么希望自己也能像他们一样。

不管遇到什么情况，都不要因风险而恐惧、退缩。只要你认为你做的是对的，是善良的，是正义的，就要勇敢无畏地去实践，这样才能让自己更加成功、快乐！

　　小作者能聚焦《汤姆出庭作证》这一章谈感受到的人物品质，夹叙夹议并联系生活实际，论证有勇气说出真相的可贵；引用历史人物大夫苏从勇敢进谏的故事进一步论证"勇气的背后是善良和正义"的观点，使主题更加突出。名言的引用无疑为表达锦上添花，让论述更有力量了。

别小看孩子

读《汤姆·索亚历险记》有感

俞晨熙

每当我捧起《汤姆·索亚历险记》这本书时，我都会感慨万千，因为它令我深深地明白了：别小看孩子！

《汤姆·索亚历险记》由美国著名小说家马克·吐温所作，主要讲述了汤姆和朋友去墓地玩耍时，意外目睹一起凶杀案，因害怕凶手发觉，汤姆决定与小伙伴们一起去做"海盗"，而后发生的种种冒险故事……

汤姆在大家眼中并不是一个好孩子。他调皮捣蛋，捉弄姨妈，但他并不坏，在看到无辜之人被真正的凶手陷害时，他不惜冒着杀身之祸，也要为那与自己毫无利益关系的人出庭作证，帮其洗清了冤屈。这勇气又是多少人能有的？在现在这个时代，人们对此类事件多半抱着"事不关己，高高挂起"的心态。即使有想为无辜者申冤的人，在强大的人身威胁下，他们也不得不隐忍下来。而汤姆呢，他的心中充满正义，能明辨是非，想为无辜者申冤。相较之下，汤姆身上更有着超乎寻常的勇气！正是因为拥有这超乎寻常的勇气，他才能在无辜者蒙受不白之冤时站出来拔刀相助。没错，他也恐惧过，但正因为他虽然恐惧却还能鼓足勇气出来指证，这精神才显得尤为可贵，值得我们学习。

通过对比汤姆和当今人们的行为，层层深入，进一步表明，恐惧向正义妥协，其中的勇气的确令人动容。

或许你在读这本书之前，也难以相信一个小孩子能鼓足勇气，不惜得罪杀人凶手，只为替一个与自己毫不相关的人洗清冤屈，维护正义吧！但事实上汤姆他做到了，一个总被人认为一无是处的小孩汤姆，他做到了！我们时常以为孩子就是孩子，只能依靠父母生活，甚至常把"一个孩子懂什么"这句话挂在嘴边，却

巧妙过渡，孩子的力量是不可小觑的，后文列举的韩亚轩和谈方琳的事例很好地佐证了这一观点。

不知有时孩子的勇气和能力是超乎想象的。

在《中国诗词大会》第五季中，年仅十二岁的选手韩亚轩勇敢挑战，打败四期擂主郑坤健，一路过关斩将，"杀"入冠军争夺赛。最后以三题之差，获得亚军；十五岁女孩谈方琳，面临科研难题，无所畏惧，改进了斐波那契数列与贝祖数的估计，由此受邀参加了世界顶尖科学家论坛，成了其中最年轻的嘉宾……这一件件大人都难以完成的事情，孩子们却做到了。

我知道世界很大，但永远别小看一个孩子。我要像汤姆一样怀有勇气、坚持正义，做生活的强者。

五读教主总评

　　小作者的语言逻辑非常强，开篇提出观点——别小看孩子，口语化的表达有效地引起了读者的兴趣。带有悬念意味的观点提出之后，小作者接着通过边叙边议的方法，层层论证，最后引用生活中两个"天才少年"的勇气可嘉的例子，升华了主题。文章语言凝练，首尾呼应，结尾更是富有深意、给予读者启发。

感受爱，回报爱

《汤姆·索亚历险记》读后感

李铭奥

在《汤姆·索亚历险记》这本书中，充满智慧和勇气的汤姆·索亚的传奇的经历惊险、有趣又奇妙，但最能触动我心灵的，还是汤姆那一颗对亲人真挚的心。

书中有一部分内容描述了汤姆为了追求自由生活，和伙伴们离家出走来到一个小岛当"海盗"。可是汤姆很想家，于是他趁着夜色冒险过河回家。虽然他很有信心，但是回家的途中有很多危险，水流速度比他想象的快得多。虽然我十分佩服汤姆的胆量，但还是为他的铤而走险捏了一把汗。汤姆为什么会在逍遥自在地"闯荡江湖"时，不顾危险也要回家看看呢？难道他忘了自己取笑同伴想家的做法和拍胸脯保证"我绝不私自离开"的承诺？难道他忘了波莉姨妈的唠叨、责骂，还有那有力的一巴掌？不是，因为那份淳朴而又纯真的爱早已在汤姆心中生根发芽，从而坚定了他回家的决心。看到这里，我心里泛起一丝愧疚。记得离家军训的那几天，我的心被欢乐的游戏占据了，家在我心中的痕迹渐渐淡去，老师询问"你们想家吗"也唤不醒我内心的挂念。俗话说，"金窝银窝不如自己的草窝"，家是人们心灵的寄托，我又怎么能轻易地忘了呢？

　　汤姆回到家，看到波莉姨妈哭着下跪，并用充满浓浓爱意的话为他祈祷，姨妈在泪水中睡着了，汤姆愉快地给了她一个吻，那个吻包含了汤姆淡淡的歉意和深深的情感。虽然他淘气地离家出走给波莉姨妈带来了苦涩的悲伤，但他内心深处对波莉姨妈的爱却是甘甜的。他从这次经历中明白了"刀子嘴、豆腐心"的波

　　阅读中，我们是不是常常和小作者一样有一连串的疑问？把它们写下来，就更能引起读者的共鸣。除此之外，这一系列追问会与后文内容产生反差，令人感动。

　　汤姆就像一面镜子，照出了"我"的"不足"，对比之间，这细腻的情感那样动人，由此可见小作者是个善于捕捉情感的敏感的孩子。

莉姨妈是爱他的。

在生活中，父母严厉的责骂和不厌其烦的唠叨使我总是心怀不满，一次次的顶撞让妈妈经常在夜里轻微又无奈地叹息。现在想起来，我不禁自责起来。小乌鸦在妈妈的哺育下长大，当妈妈年迈时，小乌鸦四处去寻找食物，衔回来嘴对嘴地喂到妈妈的口中来回报妈妈的养育之恩。可见动物也懂得要对父母怀有感恩之心，而我作为人，更应该明白父母对我们的"爱之深，责之切"。

在以后的时间里，我要学会像汤姆一样默默地把家装在心里，用心去感受、去回报家人的爱……

五读教主总评

　　小作者以"汤姆海岛冒险返家"这一部分内容感受汤姆内心深处的亲情并展开行文，围绕"亲情"这一主题，结合生活实际，表达自己要学会感受爱并回报爱的决心。文章结构清楚，语言描写细腻、朴实，贴近小作者的生活视角，容易引起读者的共鸣。

没说出口的爱

读《汤姆·索亚历险记》有感

郑忞鋆

对于一个孩子来说，童年最温暖的莫过于亲人的爱。在爱的浇灌下，他们才能健康成长，拥有一颗纯真善良的心。每个人对爱的表达方式不同，有的父母表面责骂，实则对孩子关怀备至、体贴入微。

《汤姆·索亚历险记》中的波莉姨妈便是这样一个"刀子嘴、豆腐心"的人。一次，希德打碎了糖罐子，波莉姨妈却误以为是汤姆打碎的。被姨妈打了屁股的汤姆很是委屈，为自己辩解，可波莉姨妈并不理会他。但事后波莉姨妈的心一直很乱——如果认错，就震慑不到调皮的汤姆了，所以她只是眼含泪光地偷偷瞄着坐在角落的汤姆。汤姆瞧见了这一幕，也深知姨妈心里是内疚的，便一扫之前的不快。

这一段令我感触颇深，不免有些动容。我们生活中有多少父母与孩子之间的相处方式像波莉姨妈和汤姆那样呢？回想三年级的时候，爸爸要我自己一个人去上学。当时我很害怕，种种担心涌上心头，就赖在家里硬要他送。爸爸气得大声呵斥："你今天必须自己去上学！"虽然被爸爸这副样子吓了一跳，但我还是硬着头皮，哭着闹着要求大人送我上学。可爸爸好似没有看见我的哭闹般，直接把书包往我手上一扔，将我搡出门。

难道他都不担心我的安全吗？怎么都不管我了？我心中多少有些怨气，但又不好发泄，只好一边低声抽泣着，一边摇摇晃晃地在路上走。因为这件事，我一整天心情都不是很好，回到家也对父母不理不睬的。就这样，过了好些日子，我渐渐习惯了独自上学。有一天妈妈

由名著中波莉姨妈和汤姆相处的情节，联想到父母教"我"独立的事例。父亲严厉的形象，与"我"的委屈形成鲜明对比，令人心疼，表现出父亲的"刀子嘴"。

突然对我说，从我自己一个人上学那天开始，爸爸其实一直偷偷跟在我后面直到我走进校门。我有些不信，所以在上学的时候突然掉头跑了一小段路——发现爸爸就站在那儿。

我的眼睛蒙上了一层水雾，心如乱麻，只好埋着头向学校冲去——我也不知道，自己那天是怎么度过的……

亲人对我们的爱是不容置疑的，但有多少孩子能理解他们的良用苦心呢？又有多少孩子能像汤姆一样用自己的爱去回报他们对自己的爱呢？爱不是用眼睛看，不是用手触摸，而是用心感受……

五读教主总评

　　《没说出口的爱》中的父亲一角，像极了《"精彩极了"和"糟糕透了"》里的父亲。他们永远嘴上强硬，内心柔软，做孩子身后的保护伞、坚强的后盾。小作者由波莉姨妈这一长辈对待孩子的纠结心理出发，结合生活中父亲的形象，感受"爱"的意义——是用心感受的。父母的不善言辞，更需要我们用心去感受，去发现，去感恩。文章由浅入深，立意深刻，是一篇不错的读后感。

感悟中成长

《汤姆·索亚历险记》读后感

陈烨

"读万卷书，行万里路。"在我读过的众多历险记中，《汤姆·索亚历险记》给我带来了很多感悟。

一本好书，能给人带来很多启发，比如在《汤姆·索亚历险记》中，作者从很多方面体现了汤姆的众多优缺点，而我最喜欢的便是汤姆的那份机智和勇敢。

小说一开篇，就向我展示了一个活泼、顽皮的汤姆。从他那天真的言语中，我仿佛看到了我小时候的影子。随着剧情的发展，我发现

小作者展现了自己读书的过程，通过阅读和思考，从原著中提炼情节，抓住情节的发展变化，诠释了机智和勇敢的定义，语言简洁明了。

汤姆是个聪明的孩子，只是不愿表现出来罢了。在要审判穆夫·波特时，汤姆在印第安·乔可能对自己加以报复的处境下能够指认出凶手的这种勇气令我敬佩。最后，找到印第安·乔时，汤姆不幸和贝基困在岩洞中，他再次表现出了他的聪明才智和勇气。我们在生活中遇到困难时，也应该像汤姆·索亚一样，沉着、冷静、勇敢，不能乱了思绪，保持冷静才能更好地解决问题。

比如前几周的时候，我就遇到过一个网络诈骗的人，刚开始的时候，我相信了那个坏人，在察觉到不对劲时，我十分慌张：怎么办？这难道就是老师经常提到的网络诈骗？这个账号可是绑定了妈妈的银行卡呀，我该怎么办？该怎么应对他？……无数个问题在我脑海里浮现，我一时不知道该做出什么反应，脑子里一片空白。我慌张地寻求爸爸的帮助。爸爸示意我冷静观察，最后，在和爸爸的合作下，那个骗子被我们揭开了真面目。当时的我如果慌乱、反应迟钝，不懂得向爸爸求助，就真的掉进了骗子的陷阱了。

我在面对恐惧时会退缩、不安，和汤姆·索亚相比，我真要学习他面对恐惧时的那份从容与勇敢。

古往今来，有很多像汤姆·索亚这样从容面对问题的人，比如我们小时候经常赞颂的司马光。司马光在小的时候曾与一群与他同龄的小朋友在一个后院里玩捉迷藏，其中一个小朋友躲到了崎岖的假山上面，过了一会儿，这个小朋友一个不小心从假山上摔了下来，掉进了一个大水缸里。缸大、水深，眼见那个小朋友快被淹没了，其他一起玩的小朋友慌张极了，一个个大哭起来，只有几个人哆哆嗦嗦地去找大人来帮忙。司马光则从容不迫地抱起了一块又大又重的石头，"砰"的一下朝那个缸砸去。缸中的小朋友一下子得救了。

从汤姆的身上，我知道了在生活中，我们要勇敢从容地去揭发坏人的恶行，不让无辜的人成为冤魂，不让真正的坏人逃脱法律的制裁。无论遇到什么难题，我都要学会冷静沉着地迎难而上，解决问题。

　　汤姆·索亚身上有我们童年时的影子，他会犯我们都会犯的小错误，他身上更有值得我们学习的优点。我们应该从中感悟并取长补短，让自己变得更加优秀！

五读教主总评

　　原著小说篇幅很长，其中塑造的汤姆·索亚的性格是多样的，小作者能够聚焦他感受最深的部分——冷静、机智、勇敢的品质展开论述，选取的事例典型，富有说服力。文章结构清楚明了，提炼情节—感悟—联想，一气呵成，有详有略，可见小作者习作基本功的扎实。

换个角度看世界

读《光荣的刷墙手》有感

谢心朗

　　《汤姆·索亚历险记》主要讲述的是一个失去父母、住在姨妈家的孩子——调皮任性又不乏机智勇敢的汤姆·索亚，围绕着他发生的许多有趣惊险的故事。而在这些故事中，我最喜欢《光荣的刷墙手》这一章。

　　在这个故事里，汤姆又被姨妈惩罚了——姨妈让他在一个阳光明媚的星期天刷墙。而我们的汤姆却机智地把惩罚变成一个获取快乐的机会——把刷墙夸赞成非常好玩的游戏，吸引小伙伴们争着拿自己的玩具跟他换一次刷墙的机会。最后，要不是刷墙的白灰用完了，估计全镇的小伙伴都要"破产"了！读到这里，我不禁要拍手称赞，汤姆真能称得上是一个小小的哲学家呢！

同样一件事情，因为被赋予了不同的意义，便由不得不做变成乐意之至，甚至争抢着做。当一件平平无奇之事变成一种难得的机会时，人们往往格外珍惜。在我们的生活中，是不是也有很多这样的例子呢？

被称为"五岳之首"的泰山，各地的游客们乘坐各种交通工具，历经一番周折来此，不知疲倦。即使累得气喘吁吁、腰酸腿疼，游客们依然乐在其中！同样是爬山，而泰山的挑山工们，日复一日地爬，走的台阶比游客多得多，他们在爬山的过程中感受的更多是辛苦，而非乐趣。我想，爬山这件事，对游客来说是乐意之至，花钱也喜欢做的事情；而对于挑山工来说，这是他们为了生计，不得不做的事情。因此，他们的感触不同，亦如文中的汤姆和他的小伙伴。

这是一个过渡段，承接故事带给自己的感受，启发下文生活中的事例，让这份感悟更具体，更有生活感。

古人好像早就洞察了这一切。比如，我们的书画大家米芾，少年时学写字，学了三年丝毫没有长进。但当他遇到一个用五两纹银卖一张纸给他练字的秀才时，高昂的纸价使他懂得了要珍惜每一次下笔的机会。下笔前，他都在脑子里先把这个字的笔画构思好，做到胸有成竹才落笔。从此，他的字突飞猛进！故事中的秀才就是利用制造难得的机会的方式，让米芾珍惜练习的机会，最终取得了意想不到的效果。

换个角度看世界，原来的"山重水复疑无路"，也会让你眼前出现"柳暗花明又一村"。

结尾处引用古诗，灵活总结，再次呼应文题，给读者一种环环相扣的阅读感。

五读教主总评

　　读完此文，最妙的感受莫过于小作者的谋篇布局：先简要介绍故事情节，用过渡段引出下文，列举爬泰山和米芾练字的事例，古今照应，凸显主题，最后以古诗小结。不难发现，这是一个思维缜密、博古通今的小作者。可见，读后感要想写得好，阅读的功劳可不少呢！

《鲁滨孙漂流记》读后感

做生活的强者

读《鲁滨孙漂流记》有感

黄睿祺

此处的概括非常到位，"接二连三""拦路虎"概括了鲁滨孙遇到的困难，而"勇气""希望之火"则说出了小作者对鲁滨孙的佩服，也揭示了文章中心。

读完《鲁滨孙漂流记》，我被鲁滨孙身上强大的力量所震撼了。

在一次航海中，他和船员遭遇暴风雨，除了他，其他船员都不幸丧生，他独自逃到一个孤岛上。初到岛上，困难如拦路虎般接二连三地向鲁滨孙袭来，但他不断寻找安慰自己的理由，重新鼓起面对新生活的勇气，燃起新生活的希望之火。最后，凭借惊人的毅力和顽强的意志，他不仅富足地生活着，还养了许多动物。二十八年后，他终于获救。

这个坚强勇敢、聪明机智的人，就是英国作家笛福笔下《鲁滨孙漂流记》中的主人公——鲁滨孙。

合上书，我的内心如有巨浪翻滚，久久不能平静。我不禁反问自己："如果我遇上暴风雨，我敢与它搏斗吗？我有能力逃到岛上吗？也许我还没到岛上，就早已被海浪吞没，待在鲨鱼的肚子里了。如果我有幸能活下来并逃到岛上，我会种农作物吗？我会砍柴吗？"答案都是否定的。因为我平时在家，从不主动做家务，把亲爱的父母当成我的"仆人"，自己仿佛是一位"少爷"，经常以学习为由拒绝为父母分担家务事，在"不得不做"时，我还经常退缩或寻求父母的帮助……这时，我的脑海里浮现出无论遇到多少困难都毫不畏惧、机智勇敢的鲁滨孙。和鲁滨孙比起来，我实在是太渺小、太懦弱了。

2020 年是特殊的一年，待在家中的我看到钟南山爷爷、很多医护人员坚持在一线与病毒做斗争的情景。妈妈告诉我："哪有什么岁月静好，是因为有人为我们负重前行。"看着电视

也许我们读完书后心里也会有许多问题、反思，而这正是思考的开始，也是我们读书时的真实感受。

从书本到个人生活、社会事件，小作者从问题和反思中找到了答案。

机里英勇无畏的英雄们，我更加羞愧得无地自容。作为祖国的接班人，祖国的未来靠我们撑起，我们需要的不正是这样一种面对困难顽强斗争、永不言弃的精神吗？让自己成为生活的强者吧！我心灵的深处不断地回荡着这句话，我应该从生活的细微处开始，从学习、生活的小事开始，勇敢地锻炼自己，挑战自己。

我就像温室里的花朵，被父母、老师保护着，可终有一天我要独自面对困难，而鲁滨孙所传达的坚强、勇敢、奋进和忠诚的精神是我一生用之不竭的财富——人生来就不应该被打败，人活在世上不应该只顾享受，而应该全力拼搏，做生活的强者，使人生绽放光彩！

五读教主总评

　　开头的概括让文章从起点处就与众不同，令人忍不住往下读。从鲁滨孙身上获得的启示让小作者不禁反省自我，一连串的反问可以看出"我"真的在反思；接着从自身问题联想到社会问题，小作者打开了思路，让思考进一步深入——的确，无论个人还是集体，都应该拼搏，应该成为生活的强者！

一份信念，一片天地

读《鲁滨孙漂流记》有感

潘熠乐

利用这个寒假，我一口气读完了《鲁滨孙漂流记》，合上书本，我的心情被这个荡气回肠的故事震撼得久久不能平静。故事的主人公时常出现在我眼前。

他，在一次航行中因被风暴摧毁了船只，孤身一人流落荒岛；他，在荒无人烟的孤岛上克服重重困难，自力更生，创造了自己的家园；他，凭借自己强烈的求生信念，以非凡的毅力和勇气，在荒岛上顽强地度过了二十八个春秋，创造了一个空前绝后的奇迹！他到底是谁？他，就是怀有坚定信念的冒险者——鲁滨孙！

想要求生，什么最重要？丰富的食物？温暖的房屋？还是各式的工具？鲁滨孙给出了他的答案：坚定的信念！的确，在这饱经风雨的二十八年的漫长岁月里，是信念让他开辟了新天地。

当初流落荒岛，走投无路的鲁滨孙对自己说："难道我就要在这里度过余生吗？不，不！我的探险生涯绝不会止步于此，我不能荒废我宝贵的生命！我坚信，我一定能逃出这个荒岛！我不能向命运认输！"于是，鲁滨孙振作了起来，向命运发起挑战。有了信念，他千辛万苦地收集石材与木材，用自己勤劳的双手，挥洒着汗水盖起房子，从此有家可归；有了信念，他不屈不挠地用所剩无几的麦子进行无数次耕种，历尽几载光阴，终于有了一片麦田，从此饭食无忧；有了信念，他凭借自己的聪明才智，帮助一位船长策反船员，回到了日思夜想的故乡……是信念，给了他勇气；是信念，给了他求生的动力！

生活又何尝不是这样呢？

联系书中内容，自然地引出"坚定的信念"这个中心，内容概括和观点引出过渡自然。

排比句的力量在本段得到了充分的展现，除了紧扣"信念"这一中心，还紧扣书中内容和人物形象，加入个人的思考，真妙！

听说学校将举行跳绳比赛，为了取得好成绩，每天放学回家后，我都拿起跳绳，挥汗如雨地跳起来。有一天，我已跳得气喘吁吁，速度却怎么也提不上去，一想到任务无法完成，我不由得一阵乏力，倚着墙壁坐了下来，随手扔开了跳绳。不经意间，我看到了桌子上的《鲁滨孙漂流记》，眼前浮现了鲁滨孙在荒岛上求生的坚定身影。对啊，他面对那么大的困难都不言放弃，那我遇到的这点小挫折又算得了什么呢？顿时，我感觉浑身充满了力量，抓起跳绳，咬着牙坚持下去。在后来的训练中，鲁滨孙的身影时常浮现在我眼前，给予我坚定的信念与巨大的能量。果然，功夫不负有心人，我在比赛中发挥出色。这就是信念的力量！

信念，是个无价之宝。一份执着的信念，就能换来一片美好的天地！

五读教主总评

　　本文字里行间都透着小作者深刻的思想和对文字的强大驾驭能力。文章的中心"信念"，在引用原文、联系生活实际和表达个人想法中自由穿梭，却始终贯穿全文，仿佛文章也有了"信念"，有了强大的力量去触动读者。

独立的力量

《鲁滨孙漂流记》读后感

高资舜

引人入胜的开头，让读者也仿佛与小作者一起阅读，与主角一起冒险。

周六，我坐在摇椅上津津有味地阅读《鲁滨孙漂流记》。那摇啊摇啊的椅子，让我仿佛置身于汹涌澎湃的大海中，同样参与着这场冒险。

鲁滨孙在青年时不听父亲的劝告，逃到海外经商，被掳去做了几年奴隶。后来，他在到非洲的旅途中遇上风暴，漂流到无人的荒岛，与他同船的人都不幸身亡。但是鲁滨孙很快战胜了忧郁、失望等负面情绪，从沉船上搬来枪械和工具，依靠智慧和劳动获得食物。除此以外，他还修建住所、制造工具、畜养动物，用勤劳的双手建造了属于自己的家园。

　　我不禁佩服起鲁滨孙来，他依靠勇气、智慧和坚强面对疾病的入侵，食人族的凶狠，还有风浪的汹涌，在荒岛上生活了二十八年之久。我很能体会那种有家不能回的无奈，思念家人的感情和对孤单的恐惧。这让我想起了第一次参加篮球封闭训练营的日子。我最害怕的事情就是洗衣服了，我不知道要放多少水、多少洗衣粉，也不知该洗多久。于是在前两次洗衣服的时候，我洗了十几遍也没有将泡沫冲洗干净。但是经过两次失败，我已经能很好地控制洗衣粉和水的用量了。成功往往要付出很多努力，就像鲁滨孙第一次种麦子一样，在不适当的季节播种就会颗粒无收，经过几次尝试，他终于领悟了种农作物的诀窍。在封闭营的那七天里，我还学会了自己搭配衣服、规划时间以及面对孤独。在那些夜深人静的夜晚，即便我是那么想念家人们，我也告诉自己：我应该独立成长。

　　我放下书本，脑海里却浮现出了那岛上如同黑天鹅绒一般的天空和水晶洞穴般的星空，

联系书中内容和实际生活，既能表达自己的看法，也能自然过渡。

通过洗衣服的事例，小作者充分表达了自己当时的无奈、思念、恐惧，事例和原文内容互相呼应。

还有波涛汹涌的大海。在那些需要面对疾风暴雨的时刻，我会尝试化身为身怀绝技的鲁滨孙，依靠自己的力量，迎着风浪，勇往直前。

　　我们常说"以小见大"，只要选择了合适的事例，文章就能非常出彩。为了体现自己的独立成长，小作者在概括原文内容后，叙述了自己参加篮球封闭训练营的小故事，在洗衣服这件生活小事上，小作者遇到了"拦路虎"。解决问题的过程就是成长的过程，就是改变和进步的过程，这之中的小作者，恰似依靠自己的力量，勇往直前的鲁滨孙啊！

遇见另一个自己

读《鲁滨孙漂流记》有感

杨子涵

经过几小时的细读，我心满意足、感到收获颇丰地合上了这本《鲁滨孙漂流记》。万千赞美汇成了一句话：鲁滨孙虽身处困境，但他迎难而上，顽强生存，最终遇见了那个胆识过人、不屈不挠的自己。

这本书为英国作家笛福所作，主人公鲁滨孙渴望航海，不顾劝阻，航海三次都遇到困难。可他不肯放弃，又开始第四次旅行。这次又遇到暴风雨，全船只剩下他一人流落到一个荒岛上。他克服了绝望的情绪，将船上的食物、枪支弹药及工具转移到荒岛上，并搭起帐篷，用工具制作简单的桌椅。他还驯养野山羊、救出土人"星期五"，经过二十八个春秋，他终于回到英国。

二十八个春秋，这是何等的毅力。在最初漂流到荒岛时，他以最快的速度克服了绝望的心情，制作家什，准备打开生活的新篇章，这真是一个乐观向上、不屈不挠的人啊！读了他的故事，我的内心波澜起伏。遇到了困难，可以选择沮丧灰心，但如果迎难而上，咬紧牙关，你就能发现另一个披荆斩棘、与困难斗智斗勇的自己！

这让我想起了我背英语作文的情景。

第一天校外英语课上，老师教我们写了一篇短文，并要求背诵。晚上，我认真背诵，第二天个人展示时，我比大家背得流利一些。没想到下课时，老师找到我，满怀期待地对我说："你刚才背得不错，刚刚布置的那篇作文我明天想录下来，放在家长群里。"我心中一惊，暗想："今天这篇可比昨天的难多了，并且大家都不服

在书中截取和自己观点相契合的内容进行概括和引用，让文章中心更明确。

"我"的努力过程写得很具体，最后的引用也恰到好处，为下文的优异表现埋下伏笔。

结尾短而有力，既结合了原著内容，也有自己的思考和延伸。

气，一定会加倍努力。不行，我一定要背得更好！"回到家，我便潜心研究起这篇作文来，词汇不知怎么读，查字典；语法不知对错，问老师……我背了一次又一次，当我背得滚瓜烂熟时，早已"吹灭背书灯，一身都是月"。第三天自我展示时，我望着镜头，流利地背了一遍，末了，全班响起了雷鸣般的掌声，老师欣慰地点着头……通过这次努力背作文的经历，我遇见了另一个英语流利、不向困难低头的自己。遇到困难不抱怨，不灰心，坚强面对，努力拼搏，你就会遇见一个崭新的自己。

穿过黑暗，迎接光明。今天，你努力拼搏，遇见另一个自己了吗？

五读教主总评

　　"遇见另一个自己"，小作者从自我突破的角度来理解《鲁滨孙漂流记》，角度比较新颖，让人眼前一亮。在对原著内容进行选择性概括和叙述自己的实际事例时，都能紧贴"遇见另一个自己"的观点，整篇文章中心明确，结构紧凑。

乐观面对困难

读《鲁滨孙漂流记》有感

黄钰洋

　　书是知识的源泉，读好书就如同和高尚的人谈话，总能受益无穷。在假期中，我读了英国作家笛福的作品——《鲁滨孙漂流记》。这一次快乐的阅读之旅使我收获颇多。

　　《鲁滨孙漂流记》讲述了一个令人难以置信的求生故事。主人公鲁滨孙在远航时遇到风暴，只有他一人幸存并漂上荒岛。他以百折不挠的毅力、辛勤的劳动，在荒岛上生存下来，而且开垦出种植园和牧场，盖起住所，并救下野人"星期五"陪伴自己。后来他帮助一位英国船长夺回船只，并返回英国。

一开始，鲁滨孙给我的印象是一个爱冒险、爱探索，有着自己独特见解的人。后来，我发现他身上有许多值得我学习的品质，其中最打动我的是他乐观面对困难的品质。

直接提出自己的看法和观点，点明文章中心。

流落荒岛时的沉着，缺乏食物时的冷静思考以及遭遇野人威胁时的从容淡定等，不管遇到什么样的困难，他都能乐观面对从而找到解决困难的办法。这种乐观面对困难的优秀品质使我对他肃然起敬。

借助书中的情节，说明鲁滨孙身上的乐观有多么重要，紧接着再次点明文章中心。

掩卷沉思，鲁滨孙那种乐观面对困难的品质使我自愧不如，我下定决心要向鲁滨孙学习。前不久，我参加了一次十分重要的考试，然而我考砸了。我垂头丧气，失落极了。但我回想起鲁滨孙的经历，认识到与鲁滨孙遇到的事情相比，我所遇到的不过是一点小挫折，不值一提。这么一想，我发现其实事情并没有我想象的那么糟糕，于是我心中的自信和乐观之火再度点燃。

联系自己的生活实际，说明了自己遇到困难时是如何借助从书中得到的力量去克服的。

《鲁滨孙漂流记》真是一本好书，读了它，

既令人心情舒畅，又让人增长了许多见识，也让人明白了要乐观面对困难的道理。"读万卷书，行万里路。"以后，我一定会读更多的世界名著，领悟其中的美。

五读教主总评

　　文章的中心非常明确——乐观面对困难，小作者首先通过自己对鲁滨孙的初印象与读后印象的对比，引出"乐观面对困难"的中心，接着借助书中的情节，联系自己的生活实际，层层深入地说明"乐观"的重要性。整篇文章结构紧凑，富有文采的词句点缀其中，带着思考的文字更是值得称赞！

说做就做

读《鲁滨孙漂流记》有感

贺锦朋

在概括文章内容上，小作者能做到简洁、到位，这离不开关联词、小标题的综合运用。

1632 年，鲁滨孙出生于英国约克市的一个富裕家庭。父亲常常告诉鲁滨孙："远渡重洋、背井离乡的人，他们不是一穷二白，就是幻想一夜暴富。"但鲁滨孙并没有听从父亲的劝阻，选择不顾一切地追寻自己的梦想。但出师不利，在接连遭遇风暴、海盗的打击后，他仍坚持航海，却成了最后的幸存者，在一座孤岛上生活。他并没有坐等救援，而是自力更生，他种植粮食，建造合适的居住地，自制生活工具……直到最后回到最初的家园。

鲁滨孙天生拥有一颗不安分的心，对梦想的渴望促使他一次次地踏上远航的征程。虽然他不幸遭遇海难，但他"说做就做"的行动力，是值得大家学习的。这种行动力在现实生活中很少见，一来可能是因为自身比较懒，生活条件舒适而不思进取；二来可能是自己没有能力做到，害怕困难……这些都只能怪自己的意志太薄弱了。我也常常如此，一件事、一份作业本该很快完成，却总是拖很久，效率很低。时间一长，我在做事时就会习惯拖拉，浪费时间。我应该改掉坏习惯，向鲁滨孙学习——说做就做，不拖拉。

条理清晰，表达清楚，阐述了小作者结合书中内容通过思考后得出的结论。

　　"一鼓作气，再而衰，三而竭"，我相信我也能一次就把事情做好。我们时常因为各种困难而感叹命运的艰难，殊不知，我们所追寻的人生意义和幸福生活，其实就藏在那一个个困难的背后，幸福的密码就在"说做就做"的行动力中！

合理引用不仅能展现文采，增强说服力，还能让观点更加鲜明！

五读教主总评

　　虽然小作者叙述自己经历的部分不多，但是引用的事例、名言切合中心，最难得的是小作者的思考非常深入。从鲁滨孙的言行悟出"说做就做"的行动力，到反思自己的不足并总结原因，"是什么——怎么办"的结构条理清晰，在读后感中渗透着思考的魅力。

《十万个为什么》读后感

探究真知，不畏困难

读《十万个为什么》有感

袁子宸

打开苏联作家米·伊林的《十万个为什么》，我仿佛进入了另一个世界，一个充满奥妙的科学世界！

在书中，我特别喜欢作者对事物表象背后的本质的探究。比如，书的第一章提问："土豆的本质是什么？"这看似一个简单的问题，其实不然。土豆的本质是什么？你随便找几个人问一问，十有八九答不上。而作者用小实验告诉我们：土豆的本质是淀粉。把一个生土豆打成泥装瓶、加水滤渣静置，瓶底就会出现一层白色的沉淀物。然后倒掉水，将沉淀物晾干就可以看到一些白色粉末，这就是淀粉。

作者之所以能够对事物有如此深刻的了解，我觉得离不开他的探究精神。在现实的学习和生活中，老师教给我们的许多知识，我们也可以深度挖掘。每一次的深入思考和学习也是对我们能力的一种提升。在学习的过程中，我们不仅要知其然，还要知其所以然。

总听人说，几百年前的牛顿，坐在苹果树下被一个苹果砸中。我猜想，许多人在此之前也看过苹果掉落的现象。大多数人都是一走了之，他却不断地问自己："为什么苹果会向下掉呢？为什么不是向上、向左、向右掉呢？"最后经过长时间的反复思考和探究，他发现了万有引力，成了大科学家。

一年级时，我们学过一个生字"困"，我老想不明白，"困难"的"困"里面为什么是"木"？于是我就去查找答案，在一本记录汉字来源的书中我找到了——原来"困"外面的"囗"是指房子，里面的"木"表示横木，是防

小作者通过牛顿的事例，再次说明了要探究真知，不畏困难的道理。阅读不仅可以联系生活，还可以联系已有的知识经验，融会贯通。

止人爬出门的横木。"困"的本义是房子的门槛，后来经过长时间的演变又增添了"艰难""围困""困倦"的意思，于是就有了今天的"困难"这个词。我们在学习生活中应不畏困难、勇于探究。

作者用生动的文字和有趣的故事写出了《十万个为什么》。也许，作者写此书就是为了让更多的人感受到科学的魅力和不断探索的快乐吧！

五读教主总评

　　小作者读了《十万个为什么》后，有了深入的思考，不仅描写了自己体悟到的钻研精神，还联系名人故事，从自己的学习体验中总结经验。小作者条理清晰地表达了自己的观点，并列举了具体事例加以证明，告诉人们要不畏困难，勇于探究，这也让这篇读后感更有深度。

探索马铃薯的秘密

读《十万个为什么》有感

林宇轩

　　由于语文课上的"快乐读书吧"活动，班级里掀起了一股"读书风"。我独爱科普类的书籍——《十万个为什么》。这本书内容丰富，用通俗易懂的语言给我们科普了生活中的小奥秘，用提问的方式引导我们去思考"为什么"，让我们情不自禁地沉浸在知识的海洋中。

　　"十万个为什么"这一极富生命力的书名，由作者米·伊林取自获得诺贝尔文学奖的英国作家鲁德亚德·吉卜林的一句话："五千个哪里，七千个怎样，十万个为什么。"

喜欢美食的我打开书本，自然而然地翻到了《餐桌与炉灶》这一章。因为我相信餐桌与美食密不可分，一想到要拿厨房当实验室，我的小手就迫不及待地想做做看，如果还能够吃到好吃的，岂不是美滋滋！

马铃薯就是土豆，我知道快餐店里面的土豆泥和薯条都是马铃薯做成的，在超市中我也见到过真实的马铃薯。我以为我对马铃薯已经了如指掌，但是面对作者的简单的提问："马铃薯的构成是什么？"我却一无所知。

我跟着书本中的实验，去探求构成马铃薯的淀粉。为了满足我的好奇心，妈妈从超市买来了新鲜的马铃薯，还特地在网上买了纱布和吸水纸。我按照书中的叙述将马铃薯去皮、切块、捣碎后放进原本装着酸奶的玻璃瓶中，加入水之后用纱布封住玻璃瓶，将水倒到一个玻璃杯中，纱布的作用是过滤掉马铃薯的残渣。将玻璃杯静置一段时间之后，我们就能看到杯底的白色沉淀物……哇，我真的从马铃薯中得到了淀粉，真的是太有趣了！妈妈又从厨房拿

小作者自己的感受写起，引入文章的重点内容。餐桌与美食，这"诱人"的话题，一定能吸引读者，引人入胜！

小作者用一系列动词将探究实验的过程写得非常清楚，充满童趣。

出成块的白色固体，对我说："这就是淀粉，你爱吃的蛋燕也是这个做的。"

小小的实验，别看它如此简单，它却可以让我们与大自然更加亲近。这本书中还有很多有趣的实验等着我们去实践。同时，我们要更多地去关注身边的事物，用好奇心探索生活中的美。

五读教主总评

　　小作者选用《餐桌与炉灶》这一章的内容来写读后感。通过描写自己的生活体验以及亲自实验，小作者验证了书中所写的内容——原来马铃薯中也有淀粉。在文章结尾处，小作者再次回扣主题，表达了自己阅读后的感想，相信一定会吸引大家去阅读。

生命之源——水

读《十万个为什么》有感

陈棋

老师向我们推荐了由苏联作家米·伊林所著的一本科普书，叫作《十万个为什么》，它能帮助我们解开生活中的许多谜团喔！

在这本书中，我感触最深的是关于我们的生命之源——水的内容。

众所周知，水是我们的生命之源。对人类来说，水与氧气一样，是我们赖以生存的物质之一。幸运的是，我们目前生活的环境相对而言是不缺水的，但在以前可不一样……

书中介绍，在 15 世纪，即使是国王、富人也缺水。他们很长时间不洗澡也是正常的，因为水的卫生条件不好。当时的国王早晨只用一块湿毛巾擦一下脸和手，甚至一个月才洗一两次衣服。

在那个时代，因为没有下水道，人们习惯从窗户把脏水往街上泼，各种细菌成为疾病传播的罪魁祸首，也难怪当时欧洲瘟疫横行，人类寿命普遍较短。

回想去年暑假，我和爸爸妈妈从青海到甘肃穿越的无人区，我看见了那一望无际、到处尘土飞扬的大沙漠。因为长期干旱缺水，几乎没有任何植被覆盖，那里因此不具备人类生存的条件。看到那么一大片土地，因为没有水源而荒芜，我想我们更应该要珍惜水资源啊！

我听爸爸说，我们国家为了解决区域水资源不足的问题，启动了"南水北调"工程，"南水北调"使得北方的干旱减少，进一步改善了生态环境。这是一个多么伟大的工程啊！

看完了《十万个为什么》，我更加明白了水的珍贵，我们要珍惜水资源，不浪费水！

五读教主总评

在本文中，小作者介绍了原书中的第一站——《水龙头》。为了写清楚水资源的来之不易，小作者还从过去联系到今日，从书本联系到生活。在本文结尾处，小作者反思总结，发出倡议，不仅升华了主题，还能引起读者的共鸣！

小身材，大作用

读《十万个为什么》有感

卢钰成

最近，老师推荐我们看《十万个为什么》，这真是为我打开了新世界的大门。奇幻奥妙的科学世界令我深深着迷！其中，最能引起我深思的是《镜子的身世》这一篇。

我跟着作者一起旅行到了"衣柜"这一站，知道了镜子的身世，真可谓是曲折离奇啊！

首先，威尼斯的一位科学家发现了镜子的简便制造方法，于是威尼斯"造镜大国"的名声传开了。后来，法国一次又一次地偷偷运了一些威尼斯工匠到法国去造境。可是当法国工匠掌握了制造镜子的方法后，在法国做镜子的威尼斯工匠却一个个莫名其妙地猝死了。

原来，威尼斯的国王不想让制造镜子的方法被其他国家知道，所以偷偷把工匠都杀死了。但是，镜子的制造方法还是流传开了。难以想象在这小小的镜子后面，竟然有这么多人牺牲。

这一章不仅让我了解了镜子的身世，也让我想到了镜子的作用。我们的生活中处处都需要用到镜子呢！比如车的后视镜能帮助人们看清路况，我们打扮时需要镜子，眼镜要装上镜片，望远镜和潜望镜也需要镜片来达到观察的目的……而我自己也真实地感受过镜子的妙用。有一次，因为我没有保护好牙齿，有了蛀牙，于是我去牙科补牙，因为蛀牙是上排最里面的，为了便于观察，牙医利用小镜子，调好了角度，巧妙地帮我修补好了蛀牙。

镜子真是"小身材，大作用"啊，看似普普通通，背后却有如此不为人知的身世，科学的世界真是奇妙啊！

五读教主总评

本文结构完整，开篇便能成功吸引读者的好奇心。小作者还运用了过渡句，巧妙地将镜子的身世和自己的生活联系起来，行文流畅自然，让读者对镜子有了全新的认知。跟随小作者一起探索未知的领域，感受知识"刷新"的滋味儿，这感觉真棒！

生活智多星养成记

读《十万个为什么》有感

李诗琪

高尔基曾说："书是人类进步的阶梯。"读了这本《十万个为什么》，我的知识面一下子拓宽了，我尽情遨游在知识的海洋里，流连忘返！

这本书内容丰富多彩，形式活泼，选材广泛。它告诉了我们许多小知识，例如各种动物的血色不同；孔雀开屏不是为了炫耀；大熊猫也是食肉动物；眼镜猴的眼睛比它的脑子都重；蜜蜂中的"侦察兵"会用舞蹈告诉同伴们好消息；毛蚶是肝炎病毒的中间宿主，而真正的"罪魁祸首"其实是水污染的日趋严重；摩天大楼最怕

小作者选择的事例都比较有趣，引起了读者的阅读兴趣。从小动物到摩天大楼，可见书里的内容真是丰富多彩啊！

火灾，因为即使拥有五十至六十米的云梯，我们对摩天大楼高层的火灾也是束手无策……

看了这本书，我改掉了很多坏习惯。比如吃苹果，以前不知道削完皮如果不及时吃，其中的维生素 C 就会减少，现在知道了，我吃得贼快；之前给盆栽浇水，我以为水越多越好，现在知道，有些植物浇多了反而会叶黄、枯萎；之前我最讨厌吃胡萝卜了，现在知道它的营养价值比其他蔬菜高多了，能促进身体发育、补充角膜营养、帮助骨骼生长和脂肪分解等，我告诉妹妹，吃胡萝卜既能长高又不发胖，让我们家的"小胖子"也开始整天交代妈妈炒饭时千万别忘了加胡萝卜，妈妈乐得直夸我！

从书中我还知道，甘薯越藏越甜，我赶紧把这个秘密告诉爸爸，让他多买一点囤着，这样我就可以随时想吃就吃，不用担心缺货；而且我们确实吃到了越藏越甜的甘薯呢！爸爸直夸我聪明，我暗自高兴：阅读了《十万个为什么》，自己真是"名利双收"啊！

《十万个为什么》让我开阔了视野，让我明

小作者用幽默风趣的语言描写自己的所思所想，让读者也体会到了阅读的快乐。

229

白了许多的道理，也让我对科学世界产生了更浓厚的兴趣。我相信，只要你捧起这本书，也会收获满满的！同学们，如果你还没看过这本书，就赶紧行动起来吧！

五读教主总评

　　本文结构清楚完整，充满童趣的语言让读者感受到小作者的幽默可爱。小作者不仅选择了书中比较有代表性的新奇事例，为我们介绍了《十万个为什么》中蕴藏的许多知识宝藏，还能联系生活实际，将书本知识与生活相结合，这是读后感的正确写作方式。

神奇的酵母

读《十万个为什么》有感

廖子晴

人们常说"书是人类进步的阶梯",《十万个为什么》丰富了我的知识，开阔了我的视野，让我学到了从课本上学不到的知识！

我曾经有非常多的疑惑，比如，我看见将发酵粉和面粉一起揉成面团，随着时间的推移，一个个面团都变成了大胖子。我就一直不明白，面团怎么会变成大胖子呢？直到看了这本《十万个为什么》以后，我心里的疑惑才跟随着作者探索的脚步慢慢地解开。

其实，酵母是一种单细胞真菌，是一种天

小作者通过描写自己的疑惑，激发了读者的好奇心和阅读兴趣。

然发酵剂。面团如果不加酵母，会变得跟玻璃一样硬邦邦的，食用起来很费劲。把酵母放入面团后，酵母会释放非常多细小的二氧化碳小气泡，正是这些小气泡把面团顶得越来越大，让面团变得松软，吃起来就会有很好的口感。

了解完酵母的作用后，我联想到我们的生活当中还有许多跟酵母一样有着神奇作用的物品。我们洗衣服的时候，会加入洗衣粉、洗衣液或肥皂，加入这些物品后，衣服上的污渍都能被清洗干净；还有，我们用餐后清洗碗筷时会加入洗洁精，神奇的洗洁精能够将碗筷上的油渍清除干净。这些都是我们人类科学研究获得的成果。

由书本上的知识联系到生活实际，列举事例让读者对酵母作用的印象更加深刻。

《十万个为什么》虽然是一本科普作品，可是它不像一般的科普作品那样枯燥无味。这是因为作者运用了大量的修辞手法，让它像孩子与孩子之间的对话一样，读起来通俗易懂，它就像我们生活中的小老师呀！同学们，欢迎你也跟随着这本书走进神奇的科学世界！

五读教主总评

　　在本文中，小作者带我们来到了《为什么面包要放酵母》这一站。在这一站的旅行中，小作者学到了不少知识，比如酵母的作用，并且懂得联系生活，加深读者的印象。小作者在结尾点明了原书通俗易懂的语言风格，表达了自己的观点，这吸引着读者也想快点打开《十万个为什么》，走向神奇的科学世界。